CÓMO RESCATAR UN MATRIMONIO DIFÍCIL

Los Pasos Clave para Rescatar un Matrimonio o Relación que está Pasando por Momentos Complicados

FERRIS ROMERO

© **Copyright 2021 – Ferris Romero - Todos los derechos reservados.**

Este documento está orientado a proporcionar información exacta y confiable con respecto al tema tratado. La publicación se vende con la idea de que el editor no tiene la obligación de prestar servicios oficialmente autorizados o de otro modo calificados. Si es necesario un consejo legal o profesional, se debe consultar con un individuo practicado en la profesión.

- Tomado de una Declaración de Principios que fue aceptada y aprobada por unanimidad por un Comité del Colegio de Abogados de Estados Unidos y un Comité de Editores y Asociaciones.

De ninguna manera es legal reproducir, duplicar o transmitir cualquier parte de este documento en forma electrónica o impresa.

La grabación de esta publicación está estrictamente prohibida y no se permite el almacenamiento de este documento a menos que cuente con el permiso por escrito del editor. Todos los derechos reservados.

La información provista en este documento es considerada veraz y coherente, en el sentido de que cualquier responsabilidad, en términos de falta de atención o de otro tipo, por el uso o abuso de cualquier política, proceso o dirección contenida en el mismo, es responsabilidad absoluta y exclusiva del lector receptor. Bajo ninguna circunstancia se responsabilizará legalmente al editor por cualquier reparación, daño o pérdida monetaria como consecuencia de la información contenida en este documento, ya sea directa o indirectamente.

Los autores respectivos poseen todos los derechos de autor que no pertenecen al editor.

La información contenida en este documento se ofrece únicamente con fines informativos, y es universal como tal. La presentación de la información se realiza sin contrato y sin ningún tipo de garantía endosada.

El uso de marcas comerciales en este documento carece de consentimiento, y la publicación de la marca comercial no tiene ni el permiso ni el respaldo del propietario de la misma.

Todas las marcas comerciales dentro de este libro se usan solo para fines de aclaración y pertenecen a sus propietarios, quienes no están relacionados con este documento.

Índice

Introducción	vii
1. El diálogo como base	1
2. La comunicación abierta y sincera	9
3. Los 2 aspectos básicos fundamentales de los matrimonios armoniosos y simbióticos	17
4. Muestra a tu pareja apreciación y gratitud en el matrimonio	23
5. Haz un espacio en tu agenda por tu pareja	29
6. Crear rituales compartidos	35
7. Sean juguetones juntos	41
8. Conoce cuándo decir "no" y cuándo aceptar el "no"	47
9. El arte de la negociación y el compromiso	55
10. Relaciones externas al matrimonio; las padres y los amigos	61
11. Hazte un experto sobre tu pareja	73
12. Afrontar los problemas juntos	85
13. Aprecia, acepta y valora a tu pareja; un proceso para el amor	93
14. Revivan su vida sexual	135
15. Establezcan reglas fundamentales	141
Conclusión	153

Introducción

Felicidades por haber elegido "Cómo salvar tu matrimonio" y gracias por haberlo hecho.

Estás a punto de aprender parte de la información más crítica necesaria para establecer y mantener una buena comunicación en tu matrimonio desde el principio. Los fallos y la ineficacia en la comunicación pueden llevar fácilmente a tu relación por caminos equivocados que conduzcan a un eventual divorcio. Aprenderás formas de evitar que esto ocurra, incluso si ya sientes que el matrimonio está al borde del desastre. ¡Se puede salvar!

¿Cómo puede un libro marcar la diferencia en un matrimonio que parece estar lleno de ira, decepción y conflicto?

Introducción

Obtendrás consejos sólidos y prácticos que han funcionado para cientos y miles de personas que comparten las mismas luchas. ¡Puedes comenzar a trabajar en los problemas hoy mismo!

Cada capítulo está lleno de valiosas formas en las que tú y tu pareja pueden trabajar en el matrimonio en tiempo real. Comienza a desbloquear el potencial que existe en tu matrimonio.

Salvar el matrimonio no va a ser un paseo por el parque, y es importante que lo entiendas. Tendrás que trabajar en ello todos los días, y no se va a arreglar de la noche a la mañana. Si decides trabajar en la restauración de tu relación matrimonial, tu pareja tendrá que estar en la misma página. No llegarás a ninguna parte si eres el único que hace el trabajo. Ambos tendrán que explorar la raíz del problema y encontrar soluciones juntos y, posteriormente, ponerlas en práctica en su vida diaria.

A veces no estás muy seguro de si debes intentar hacerlo, así que tienes que tomarte un tiempo para sopesar los pros y los contras de salvar el matrimonio. Como acabo de decir, no va a ser fácil, así que si vas a hacerlo, tienes que hacerlo de todo corazón. De lo contrario, no avanzarás porque seguirás dudando. Estas son algunas de las cosas en las que debes pensar cuando te preguntes si debes intentar salvar tu matrimonio.

Introducción

Quizá no estés convencido al 100% de querer estar juntos, pero al mismo tiempo tampoco estás completamente seguro de querer separarte de tu cónyuge...

Si tienes hijos, es especialmente importante pensar en las consecuencias de una separación. Los estudios demuestran que los niños que crecen con padres felices no sólo muestran signos significativos de mejora de las habilidades sociales, sino que también tienen sistemas inmunológicos más resistentes. Tus hijos ven que tú y tu cónyuge son infelices y recuerda que eso les sirve de ejemplo.

Dicho esto, dos padres pueden ser perfectamente felices y dar un buen ejemplo a sus hijos aunque no estén juntos, siempre que se respeten mutuamente.

En cualquier caso, si no estás seguro de lo que sientes por tu cónyuge, prueba a imaginar que está intimando con otra persona. ¿Qué sientes? Si no sientes nada en absoluto, puede que estés preparado para seguir adelante. Si, por el contrario, sientes una oleada de emociones, entonces es el momento de pensar en cómo salvar el matrimonio.

¿Es posible que tu pareja y tú estén destinados a ser buenos amigos? Esto ocurre más a menudo de lo que creemos, y no es el fin del mundo. De hecho, si necesitas separarte, probablemente esta sea la situación más fácil.

Introducción

También te invito a que eches un vistazo a lo que te molesta y des un paso atrás para ganar algo de perspectiva. Es importante entender que la persona perfecta no existe, que el matrimonio es un trabajo duro y que todas las relaciones encuentran desafíos. Eres tú quien debe calibrar la gravedad de la situación. ¿Se trata de que no compartes intereses comunes con tu pareja, o de que te sientes irrespetado e insatisfecho?

Salvar un matrimonio depende de los problemas: Bueno, supongo que debería decir que "debería" salvarse un mal matrimonio. La verdad es que la mayoría de las relaciones pueden ser salvadas y uno puede incluso recuperar a su ex después de una separación, pero algunos matrimonios requieren que tú realmente te hagas algunas preguntas importantes. Si estás siendo abusado física o mentalmente en tu matrimonio, entonces tienes que preguntarte si esto puede parar, y por qué se ha convertido en esta manera. ¿Tu pareja está actuando debido a la situación o es su carácter? En este tipo de situaciones difíciles lo mejor es pedir ayuda a un profesional, y nosotros estamos aquí para ayudarte.

Si te preguntas si mi matrimonio se puede salvar y no estás sometido a ningún tipo de violencia, la respuesta depende del tamaño de los problemas. Para ser honesto, depende bastante de lo que quieras. Si realmente quieres que esto funcione, harás lo que sea necesario y lograrás el cambio. Todo lo que necesitas es un poco de orientación. Pero si tu corazón ya no está en ello, y aun así vas a intentarlo, lo más probable es que tu esfuerzo sea poco entusiasta y, por lo tanto, no sea tan efectivo.

Ten en cuenta que se trata de una relación matrimonial de pareja y que, para que las cosas mejoren, tiene que ser un esfuerzo conjunto. Ambos deben querer salvar el matrimonio. Ambos tienen que ser comunicadores activos, escuchar activamente, y ambos deben hacer el esfuerzo para lograr un cambio positivo.

Sé que es más fácil decirlo que hacerlo, pero como se dijo antes, si el amor y la motivación están ahí, todo es posible.

(Esto es parte de la razón por la que es tan importante tener conversaciones honestas sobre lo que ambos sienten y hacia dónde quieren que vaya esto... ¡Y lo que están dispuestos a hacer al respecto!) ¡Ambos deben mostrar su voluntad de cambiar y ponerse a ello! Las palabras son una cosa... Las acciones son otra.

La situación y las circunstancias de cada pareja son diferentes. También lo son las razones por las que se distanciaron, que van desde la falta de comunicación hasta el engaño.

Introducción

Aun así, hay ciertos ejercicios que puedes hacer como pareja e individualmente, además de pequeños pasos que puedes dar con tu pareja ahora para aumentar el amor, la confianza y la intimidad con la esperanza de manteneros juntos.

Redescubre las razones por las que te enamoraste y encuentra formas aún más profundas de conectarse.

Aprende a proteger tu matrimonio de los problemas típicos que separan a la mayoría. Descubre una forma más profunda de mostrar a tu pareja lo mucho que valoras su presencia y su aportación. Puedes comenzar el proceso de curación y salir de esto como un matrimonio más fuerte y resistente.

1

El diálogo como base

Siempre se han observado diversos métodos de comunicación en la interacción humana, ya sea observando directamente el lenguaje en acción, o a través de la recopilación de grabados en piedra o dibujos realizados en las paredes de cuevas, edificios antiguos o acantilados. El diálogo es fundamental para que tus ideas, sentimientos y necesidades sean comprendidos por quienes están en tu círculo de influencia. Es uno de los elementos más básicos para establecer un matrimonio bueno y sólido.

El tiempo de conversación íntima diario es importante: La mayoría de los asesores de matrimonios coinciden en que todo matrimonio sano necesita compartir al menos entre 60 y 90 minutos de tiempo íntimo de conversación cada día.

. . .

Es importante que te pongas en contacto con tu pareja e intercambies información, le des apoyo emocional o mental y cultives la cercanía. No permitas que los momentos ajetreados de la vida te roben a ti y a tu pareja este tiempo tan necesario para estrechar lazos y establecer el tono del matrimonio.

Algunas formas de encontrar este tiempo crítico son:

- Poner el despertador temprano y levantarse para pasar un tiempo de calidad en un diálogo significativo.
- Cocinar el desayuno o la cena juntos y pasar el tiempo hablando mientras preparan la comida y comen.
- Apagar la televisión por la noche y optar por música suave, abrazos y conversaciones.
- Coman juntos.
- Desplázate al trabajo utilizando un solo vehículo y habla en el trayecto de ida y vuelta.

Cada día que pases en conexión profunda y concentrada con tu pareja, más aumentarás tus sentimientos de pareja y comunión.

Es un paso de acción en un matrimonio al que debes dedicar tiempo para obtener los mejores resultados.

Aprendizaje y crecimiento continuos: Todas las relaciones estrechas de la vida nos ofrecen la oportunidad de ampliar nuestro pensamiento y aprender cosas nuevas. La persona que elegimos pareja en el matrimonio, obvio, no es una excepción. Ambos aportan cualidades, conocimientos y habilidades a la relación de matrimonio que son únicas para ustedes y que pueden compartir con una pareja curiosa e inquisitiva. Son estas diferencias las que a menudo nos atraen hacia otra persona. No se trata tanto de que los opuestos se atraigan como de encontrar a alguien que sepa cosas o tenga habilidades que tú no tienes. El deseo de completarse es el que nos impulsa.

Cuántas veces has escuchado la exclamación: "¡Tú me completas!".

. . .

Cultivar los lazos de amistad: Las relaciones más satisfactorias suelen ser las que se han tomado el tiempo de cultivar un fuerte vínculo de amistad. ¿Qué implica una amistad? Por lo general, es una buena mezcla de intercambio emocional, experiencias compartidas, tiempo dedicado y búsqueda de puntos en común, gustos o intereses.

Esto es válido tanto si se trata de amistades tradicionales como de relaciones amorosas. Cuanto más se encuentren para centrarse en actividades y experiencias positivas que disfruten ambos miembros del matrimonio, más fácil será evitar el conflicto.

Un fuerte vínculo de amistad puede llevar tu matrimonio por encima de algunas aguas turbulentas. Es menos probable que saques conclusiones erróneas sobre un amigo, que te niegues a comprometerte en situaciones o que hagas cosas para herirle intencionadamente. Esto puede traducirse fácilmente en los mismos beneficios para tu matrimonio. Las parejas casadas que cultivan e invierten tiempo en fuertes lazos de amistad experimentarán muchos menos problemas y resolverán los conflictos más fácilmente. Este proceso se inicia a través del diálogo sobre lo que le gusta, lo que no le gusta y la búsqueda de lo que se comparte.

. . .

Mantener el sentimiento de equipo: Una buena comunicación es la principal forma de mantener el sentimiento de estar en el mismo equipo. La vida puede ser dura ahí fuera y cada uno puede sentirse un poco maltratado por diversas razones. El matrimonio debe ser siempre del tipo "puerto en la tormenta", tanto mental como literalmente.

Cultivar la importancia en el apoyo de tu esposa o esposo producirá longevidad en tu matrimonio.

¿Qué es lo contrario de estar en el mismo equipo? ¿Es estar en equipos opuestos? ¿Implica simplemente una indiferencia? Para el que siente ligeras traiciones o confusión sobre en qué equipo está, la indiferencia puede parecer tan mala como ser el enemigo declarado. Revisar verbalmente a tu pareja a diario es el ingrediente más importante para permanecer en el mismo equipo.

Expresar emociones, preocupaciones o transmitir información: El uso del diálogo en todas las facetas de la vida permite a cada individuo la capacidad de expresar emociones y sentimientos, ofrecer nuestras preocupaciones y preferencias, y transmitir todo tipo de información importante. A menos que tengas el equivalente a dos trabajos a tiempo completo, pasarás más tiempo con tu esposa o esposo que con cualquier persona considerada como compañero de trabajo. Esto hace que las buenas habilidades de comunicación sean una necesidad para una convivencia pacífica.

El diálogo básico es la forma de hacer saber a tu pareja cosas como:

- El estado de tu salud.
- Las próximas preocupaciones presupuestarias.
- Las fechas de vencimiento de las facturas.
- Los próximos eventos y citas.
- Horarios de trabajo.
- Preguntas sobre personas, lugares o cosas.
- Demostrar si estás contento, triste, enfadado, emocionado, etc.

En ningún momento de un matrimonio la necesidad de diálogo y comunicación pierde importancia. Debe seguir siendo una habilidad vital que se trabaja y evoluciona continuamente a lo largo de los años. Cuanto más conozcas a tu esposa o esposo, más fácilmente podrás ajustar tus métodos de comunicación para que encajen de forma que requieran poco esfuerzo.

. . .

Cómo la falta de diálogo contribuye a la sensación de estar solo o abandonado emocionalmente: Muchos estudios muestran que el número de personas que han informado de que la falta de comunicación es la razón principal para buscar terapia de pareja profesional y comenzar a pensar en la separación o el divorcio. Puede que no sea la principal causa de divorcio, pero sí apunta a ser la principal razón para empezar a considerar el divorcio.

Los motivos económicos también pueden llevar a un matrimonio al borde del divorcio, pero muchas veces es la falta de comunicación lo que lleva a una crisis financiera inesperada. No se puede exagerar la importancia de tener y mantener un buen diálogo diario en las relaciones. Es el mejor paso que se puede dar para construir unos cimientos más fuertes y duraderos.

2

La comunicación abierta y sincera

El uso constante de la comunicación abierta y honesta que proviene de la sinceridad te llevará más lejos en la vida con todos tus esfuerzos y tratos con la gente. Adoptar el mal hábito de apaciguar a la gente o de decirles sólo lo que crees que te hará salir adelante o les dará las respuestas que desean no es útil. Puede ponerte en un aprieto interesante e incómodo. En lugar de utilizar palabras floridas, utiliza palabras que cuenten. Se específico en tu lenguaje y claro en su entrega. Los halagos están bien, pero tu pareja suele querer saber exactamente cómo te sientes en todas las situaciones.

Por qué es importante la claridad: No ser claro en la comunicación y la entrega de información provoca confusión. La confusión, a su vez, conduce a la frustración.

. . .

Puede hacer que tu pareja llegue tarde a citas importantes, pierda plazos críticos o, peor aún, pierda la fe en lo que le dices. Los dos mayores problemas que surgen de la falta de comunicación clara son los malentendidos y las malas interpretaciones. Ambos pueden convertirse en enormes escollos para el matrimonio cuando se convierten en la norma.

Malentendidos - Equivocarse en una fecha u hora importante, dar a tu pareja el nombre equivocado de alguien, una fecha de facturación incorrecta u otra información errónea puede dar lugar a enormes malentendidos y consecuencias agrias. El corte del servicio eléctrico, la pérdida de una cita con el médico o la sensación de no saber el nombre correcto de una persona a la que se llama pueden provocar confusión, resentimiento y enfado momentáneo. Toma notas y deja notas que sean detalladas y proporcionen más información de la necesaria para estar seguro.

Malas interpretaciones - Los hechos son una parte importante de la transmisión de la información correcta a través de tus comunicaciones. Todo lo que no sea una imagen completa puede hacer que tu pareja intente rellenar los espacios en blanco por sí misma. Esto puede llevar a todo tipo de malas experiencias.

No dejes que tu pareja adivine nada. Se claro y directo en todas tus comunicaciones.

Comunicaciones completas: La mayor parte de la comunicación verbal lleva a un individuo a pintar una imagen en su mente de lo que ha sucedido, lo que hay que hacer o algún resultado esperado. Disponer de una información menos completa puede llevar a la creación de imágenes completamente erróneas.

¿De qué serviría quedar con tu pareja para comer pero no decirle dónde? ¿Qué justicia tiene decir a tu pareja que el presupuesto es ajustado para la semana, pero no decir de cuánto dinero se dispone para la compra de alimentos? Se crea una situación imposible para tener éxito. No podrás encontrar el lugar adecuado para comer y te pasarás del presupuesto en comida.

Siguiendo con el ejemplo del presupuesto, es posible que te preguntes por qué el presupuesto es limitado sin tener todos los detalles sobre en qué se gasta el dinero. Es posible que no te des cuenta de que ha llegado el momento de pagar la cuota del coche o la hipoteca. La comprensión plena de cualquier situación pasa por tener la información más completa disponible.

Saca todo a la luz - ¡No escondas nada! Cuando se está en una relación, existen ciertas expectativas de que se revele todo. Cualquier cosa que se considere como "ocultar" información puede desencadenar una virtual tercera guerra mundial. Si el marido o la esposa tiene que hacer un viaje de negocios y un miembro del sexo opuesto también va a ir, di algo. No revelarlo puede interpretarse más tarde como una ocultación de la información con fines posiblemente nefastos. Puede que no quieras causar olas, pero puedes crear un tsunami si no dices algo desde el principio.

No importa lo insignificante que parezca algo, es mejor que tu pareja conozca la información. Puede ser un gran error intentar filtrar lo que crees que es importante o lo que crees que pueden manejar. Siempre debes tratar a tu pareja como un adulto y con respeto. Ocultar cosas, incluso con fines nobles, puede ser contraproducente y hacerte parecer deshonesto.

. . .

También debes evitar ocultar tus sentimientos, inquietudes, preocupaciones, miedos y dudas. En lugar de hacerte parecer débil, aporta una cualidad más humana a tu personalidad. Parte de la razón por la que los humanos se acercan a otros y forman un matrimonio es para tener ese hombro en el que apoyarse y un compañero constante en la batalla de la vida.

Ocultar tus emociones y otros pensamientos íntimos te está robando a ti y a tu pareja un compromiso total.

Cuando la pareja se siente menospreciada o ignorada:

¿Cuánto tiempo dedicas a la comunicación de calidad? Si tu pareja siente que siempre es la última parte de su día y que nunca se da cuenta de los buenos momentos de conversación profunda, puede empezar a sentirse menospreciada o engañada. Incluso puede llegar al punto de crear resentimiento o sentirse ignorada. Aunque los días pueden ser ajetreados y el tiempo escaso, dedica un tiempo especial a conectar con tu pareja cada día. Asegúrate de que no te moleste y de que no tengas prisa. Puede que el estrés y las preocupaciones del día desaparezcan con esta pequeña rutina.

. . .

La vida tiene un modo de ir tan rápido que es fácil olvidar por qué te has casado con alguien. Puedes empezar a desequilibrar tu vida y perder el contacto con lo que es importante. Todo el mundo necesita un poco de tiempo para sí mismo para descomprimirse a diario, pero no te olvides de tu pareja en la refriega. Encuentra formas de reconectar cada día para seguir construyendo la relación. Es a lo largo de los años cuando se establecen las conexiones más profundas, pero se hace un día a la vez.

Abordar todo con sinceridad y honestidad: La honestidad con tu pareja nunca se puede lograr sin ser completamente honesto contigo mismo. Tienes que saber cómo te sientes en cada circunstancia que se te presenta antes de tener la capacidad de compartir honestamente esos sentimientos, preocupaciones e ideas con tu pareja. Cuanto más honesto seas con tus sentimientos e ideas, mejor podrá entender tu pareja de dónde vienes a la hora de tomar decisiones o añadir aportaciones.

Todo esfuerzo de comunicación que hagas con tu pareja y que se haga con honestidad y sinceridad debería ser bien recibido. A veces depende de la situación y de la información que se transmita, pero en general, la gente prefiere la honestidad a la alternativa. Cuando la información es dura y las noticias malas, mantén la integridad y da valoraciones e información honestas. Existen un millón de maneras de utilizar las palabras adecuadas para suavizar un golpe, pero nada puede sustituir a la honestidad.

3

Los 2 aspectos básicos fundamentales de los matrimonios armoniosos y simbióticos

Existen dos fundamentos básicos cuando se trata de la comunicación y de tener un matrimonio armonioso con tu pareja. Un matrimonio simbiótico es aquel en el que ambos miembros de la pareja encajan bien y trabajan juntos a la perfección por el bien común. Aprender a dominar estos fundamentos casi te garantizará llegar más allá y convertirte en experto en conversación. Lo que seguro conseguirás es más paz en tu vida diaria. Cada persona se sentirá valorada por lo que es y por lo que piensa o siente.

¿Estás escuchando? No, ¿realmente escuchas? Escuchar es una de las habilidades de comunicación más importantes que puedes desarrollar. Sin ella, las conversaciones no serán fructíferas. Todo girará siempre en torno a ti y a tus preocupaciones.

Un matrimonio necesita que la pareja se involucre en todos los aspectos de la vida de la otra persona por interés y deseo. La obligación no debe formar parte del cuadro. Si tu pareja siente que sólo escuchas porque tienes que hacerlo, las oportunidades de hacer crecer el matrimonio serán limitadas.

El lenguaje corporal de la escucha - El lenguaje corporal puede tener mucho que ver con nuestra propia capacidad de escuchar a la pareja. Nos indica, tanto a nosotros como a nuestra pareja, la profundidad con la que estamos dispuestos a concentrarnos por completo en lo que se dice.

Algunas señales de que no estás interesado en la conversación son:

- Falta de contacto visual.
- Que se le insista para que responda.
- Desviar la mirada para continuar con otra actividad.
- Que el otro tenga que repetir la información.

Es posible que algunas conversaciones se produzcan en momentos de mucho trabajo que no son óptimos para los mejores modales conversacionales, pero siempre hay que intentar que esto sea la excepción y no la regla. Sé consciente de tu lenguaje corporal y de tus señales y de que no da señales involuntarias de que estás demasiado ocupado para hablar con tu interlocutor.

Deja las distracciones - Las distracciones vienen de todas las formas y maneras, pero las peores son los dispositivos inteligentes que parecen tener esclavizada a la población.

Deja la tableta o el teléfono inteligente cuando hables con tu pareja. Los vídeos, los mensajes de texto, los correos electrónicos y los juegos pueden esperar unos minutos.

Tanto tú como tu pareja merecen un poco de tiempo de calidad para hablar sin interrupciones ni distracciones.

Puede que sea necesario ir a un lugar privado o hablar a horas intempestivas. Lo que sea que funcione para conseguir el tiempo necesario sin las distracciones habituales.

¿Sabe tu pareja que le estás escuchando? - ¿Le haces saber abiertamente a tu pareja que le estás escuchando? Intenta mirar a tu pareja de frente y con los ojos abiertos cuando dialogas con ella. Esto te ayuda a concentrarte en lo que se dice. También podrías:

- Hacer preguntas para que sepa que está escuchando lo que se dice.
- Repetir los puntos importantes.
- Ser expresivo con los músculos faciales.
- Ofrecer apoyo o soluciones.

Intenta ejercitar las habilidades que deseas cuando hablas con otra persona. ¿Qué cosas notas que te hacen reconocer que están prestando atención a lo que dices? Ponlas en práctica siempre que puedas cuando hables con tu interlocutor. Les harás sentir que sus palabras tienen un valor real para ti.

¿Estás hablando? No, ¿realmente hablas? La diferencia entre hablar "a" alguien y "con" alguien está en el nivel de participación conjunta. Si alguien te habla "a" ti, parece más bien un sermón y puede incluso cruzar la frontera de la insistencia, dependiendo del tema de la conversación.

Hablar "con" alguien es esperar una respuesta, al menos periódicamente. Las verdaderas conversaciones son las que implican a más de una persona en igualdad de condiciones. La mayoría de los participantes cambiarán de papel entre el que habla y el que escucha varias veces durante la conversación. Aunque parezca sencillo decir que siempre se está hablando, ¿se trata de una verdadera sesión de conversación o de una sesión de charla?

Encontrar tiempo de calidad - Las buenas conversaciones requieren encontrar tiempo de calidad para pasar con tu pareja. Puede ser en un momento en el que normalmente ven la televisión o apagar el aparato y salir a dar un paseo. Habla durante un desayuno tranquilo o mientras te preparas para ir a la cama. Cuanto más relajado sea el entorno, más disfrutarás de tus conversaciones. Prueba a poner música relajante o a servirte una copa de vino por la noche. Siéntate en el patio y disfruta del aire fresco. Incorpora al tiempo toda la relajación posible.

No apresures a tu pareja - Otra razón para elegir un buen momento para comunicarse es evitar que tú o tu pareja se sientan apurados para terminar una conversación importante. Las prisas hacen que se omitan detalles críticos o que se dejen muchas cosas sin decir. Tu pareja puede dejar de intentar hablar contigo si se siente constantemente apurada en las conversaciones.

Es una forma de darles a entender que sus palabras tienen menos valor, sea o no tu intención. Siempre que sea posible, escoge momentos en los que no están tan estresados y con poco tiempo. Dales todo el tiempo que necesiten para que se sientan lo suficientemente cómodos como para decir lo que tienen en mente.

No desanimes la conversación - Puede que el tema no te interese o que te produzca temor, pero intenta no desanimar las conversaciones ni hacer que los temas estén prohibidos para tu pareja. Todas las personas de un matrimonio necesitan sentir que tienen voz. Desalentar las conversaciones abiertas puede provocar sentimientos de depresión y soledad. Es algo contra lo que hay que protegerse y fomentar una apertura que proporcione a tu pareja una zona segura para hablar de lo que le preocupa.

4

Muestra a tu pareja apreciación y gratitud en el matrimonio

Es bonito y necesario mostrar a tu esposa o esposo aprecio y gratitud cuando hace cosas por ti. Muchas personas han dejado de mostrar la cortesía básica con cosas como decir un "gracias" verbal. Deberías ir más allá de esto cuando se trata de tu compañero de vida. Cuanta más gratitud muestres, más energía gastarán en la relación. Tanto los hombres como las mujeres responden igual de bien a una buena dosis de agradecimiento y gratitud.

El gran asunto en la apreciación en el matrimonio: ¿Por qué es importante sentir gratitud y mostrar aprecio a tu pareja? Le permites saber que reconoces su sacrificio de tiempo, dinero o experiencia que ha necesitado para hacer algo, darte un regalo o beneficiarte de otra manera.

. . .

Es una forma más segura de saber que volverá a ocurrir si muestras el nivel adecuado de agradecimiento. Mostrar gratitud es una forma de ofrecer un afecto a tu pareja más profundo que la mayoría de los demás.

Los primeros años de una relación están llenos de momentos que a menudo se ven empañados por la duda. ¿Estás haciendo lo correcto con tu pareja? ¿Se siente apreciado por todo lo que hace? Esto es especialmente cierto en el caso de las relaciones que son importantes y que quieres que duren. Cualquier persona que se preocupe por su pareja buscará mejorar la comunicación del agradecimiento en cada oportunidad.

Decir y demostrar agradecimiento. Cocinar una comida abundante y saludable, hacer la colada, recoger a los niños del colegio, recoger algunas cosas de la tienda de comestibles o sacar la basura son cosas que fácilmente pueden darse por sentadas. Acostúmbrate a buscar a tu pareja para agradecerle personalmente que haya hecho algo, que haya dicho algo o que te haya ayudado de alguna manera. El agradecimiento te convertirá en un objetivo principal para recibir aún más cosas buenas de tu pareja. Te separa de los que quieren lo que quieren sin ninguna consecuencia.

Dar a tu pareja un reconocimiento adecuado y apropiado: ¿Has llegado a casa y tienes el baño limpio pero no has encontrado el momento de dar las gracias a tu pareja por hacer el trabajo sucio? Siempre puedes dejar lo que estás haciendo y perseguirle en tu casa o apartamento para darle las gracias inmediatamente. Tener una pareja que se ponga las pilas y haga las cosas cuando sea necesario es una cualidad poco común que querrás recompensar.

Dividir las tareas parece algo justo, pero ¿qué pasa si tú o tu pareja tienen que trabajar más a menudo durante la semana? Asumir más tareas domésticas puede ser lo más adecuado para que sea justo y equilibrado. Asegúrate de dar a tu pareja el mérito y el agradecimiento por hacer las tareas extra. Es otra señal de esfuerzo en equipo que debe recibir el reconocimiento adecuado.

Comunicar el agradecimiento verbalmente al compañero y a los demás: ¿Qué tan difícil es detenerse y decir "gracias" a alguien? Hacer constantemente cosas por alguien, incluso si es tu esposo o esposa, puede llegar a ser desagradable si no puedes reunir un "gracias" de vez en cuando. Es solamente una palabra que puede alegrarte el día si vienen de la persona adecuada. Reconocen que alguien se ha desvivido por hacer algo.

No tiene que ser nada grandioso, pero haz que parezca que te han dado un millón de dólares.

Puedes y debes ir un paso más allá. Haz que tus amigos y familiares sepan lo increíble que es lo que han hecho. No hace falta que te pases de la raya, pero imagínate lo bonito que parece en comparación con la mayoría de las quejas que las parejas hacen del otro a sus espaldas.

Proporciona un cambio refrescante. Haz que la persona que amas se sienta especial en ese momento. Está garantizado que la próxima vez que necesites ayuda la repetirá.

Formas sencillas de mostrar aprecio y gratitud: Mostrar un poco de aprecio y gratitud puede ser tan fácil como decir "gracias", pero aquí hay otras formas de hacerles sentir especiales:

- Prepara su comida favorita.

- Compra un masaje por la tarde.
- Planea un fin de semana fuera.
- Ir a un picnic sorpresa.
- Prepara un buen baño de burbujas.
- Llévale a cenar.
- Compra flores.
- Escríbele una nota sincera.
- Ve al cine.

Puede que no puedas hacer cosas así todo el tiempo, pero de vez en cuando puede tener un impacto positivo.

Ayuda a mantener el matrimonio fresco y emocionante.

Tu pareja empezará a esperar tu lado creativo y agradecido.

5

Haz un espacio en tu agenda por tu pareja

Juntarse en matrimonio no significa que haya que saltarse la fase de las citas. Puede que tengas a la persona que siempre habías buscado, pero no es el momento de renunciar al romanticismo y a ganar tiempo en la intimidad. Hay que seguir haciendo las actividades que siempre les han gustado, aunque estén cumpliendo 50 años juntos.

Uno de los secretos de los matrimonios largos y sanos es pasar siempre tiempo de calidad a solas con la persona que amas. No debería implicar a la familia, los amigos, los niños ni ninguna otra cosa.

¿Por qué necesitas separar un tiempo para tu pareja?

. . .

La mayoría de la gente no tiene problema en hacer cursos de formación, ir a la universidad y leer cosas para mejorar sus conocimientos para una carrera. Mucha gente apenas levanta una ceja al pedir una cita para una limpieza de dientes o un cambio de aceite en el coche.

¿Por qué se dedica muy poco tiempo a establecer planes de citas con la pareja? Un matrimonio es una inversión que requiere una pequeña aportación de vez en cuando para que los dividendos sigan entrando por la puerta.

Tu tiempo puede parecer excepcionalmente limitado si trabajas a tiempo completo o tienes tu propio negocio.

Cada minuto cuenta en estos momentos. El problema de no poner el énfasis adecuado en pasar tiempo con tu pareja es que pueden empezar a distanciarse. Una pérdida repentina de compañía puede empezar a quitarles esa sensación de calidez que tenían al principio.

Tu pareja puede empezar a sentir que te estorba y que no es importante. En lugar de decirle que no podría estar más lejos de la realidad, es mejor demostrarlo haciendo planes y manteniéndolos pase lo que pase.

· · ·

Separar tiempo en una agenda apretada: La forma más fácil de encajar las citas en las agendas más ocupadas es hacer las cosas en el transcurso de lo que estarían haciendo de todos modos. Si normalmente desayunas antes de ir a trabajar, levántate antes y sal a comer. Queda para comer en un lugar conveniente para ambos. Escápate a cenar temprano y a ver una película si es un día de compras en el supermercado. Los productos seguirán ahí cuando termines.

A veces es necesario planificar con antelación y viajar en diferentes vehículos para que todo funcione. Merece la pena el tiempo que se invierte en intentar resolverlo todo.

La aventura parece más dulce y tiene más sentido cuando el tiempo es difícil de encontrar y conseguir para ocasiones y fechas especiales.

Eventos sólo para parejas: Parece que siempre hay alguien que intenta "colarse" en la salida que has planeado. Los amigos o la familia pueden intentar invitarse a sí mismos. Tú y tu pareja deben ser firmes en mantener este tiempo reservado sólo para ustedes dos. Un compañero de trabajo más para la comida puede parecer inofensivo, pero le quita el carácter especial al momento y desvirtúa su propósito principal.

Lo mismo ocurre con los niños. Busca una niñera o pide a tus amigos y familiares que cuiden de los niños cuando salgan al cine, a cenar, al teatro o a otro evento.

El tiempo en familia se puede organizar para más adelante. Es igual de importante tener tiempo de calidad en pareja para mantener una relación fuerte y sana.

Lleva a tu pareja algo de comida si está atrapada en la oficina: Por muy bien que planifiques algunos días, a veces el trabajo tiene que ser lo primero. Si tus planes se ven frustrados por la repentina necesidad de tu pareja de comer en la oficina, sal a buscar algo de comida saludable para que la coma y llévala. Así sabrá que lo comprendes y que sigues queriendo que se satisfagan sus necesidades.

Afortunadamente, no es el resultado de cada plan de citas. Las emergencias laborales ocasionales no se pueden evitar.

. . .

Si no puedes conducir la distancia solo y llegar a tiempo a tu trabajo, mira si hay algún restaurante local que te entregue una buena comida y paga por teléfono con una tarjeta de débito o crédito. El esfuerzo extra no pasará desapercibido para tu pareja.

Sólo permite que las emergencias extremas cancelen los planes: ¿Cuáles son las razones permitidas para cancelar los planes? Tener un día duro en el trabajo o sentirse cansado no siempre es una buena excusa. El tiempo de relajación que obtendrás al mantener los planes hará que todo eso desaparezca. Te alegrarás de seguir adelante. Algunas razones aceptables para la cancelación son:

- Enfermedad o emergencia médica.
- Imposibilidad de conseguir guardería.
- Visitas inesperadas. Se cancela el evento.
- Averías en el vehículo.
- Tiempo malo/peligroso.
- Otras emergencias familiares no especificadas.

Es posible que puedas sortear algunos imprevistos, como la avería del vehículo o las visitas inesperadas. Si llevas el coche a un taller y coges otro o las visitas se van lo suficientemente pronto, ¡el resto de la noche es tuya! Ser flexible y creativo es la clave para tener más éxito en las citas en el matrimonio.

. . .

Reprograma de inmediato: Si las cosas se interponen en sus planes, no esperes semanas para encontrar otra oportunidad. Reprograma tu cita de inmediato. Busca otro evento o elige otra película e inténtalo de nuevo y lo antes posible.

Reserva de verdad la cancelación sólo para las cosas más importantes. Tienes que demostrar a tu pareja que valoras pasar tiempo con ella. No dejes dudas de que podrías haber encontrado una forma de evitar la situación.

Elige eventos o lugares menos estresantes si te sientes extremadamente cansado o estresado. Coge una buena comida para llevar y vete a un bonito parque si hace buen tiempo. Puedes incorporar la relajación que proporciona la naturaleza junto con el tiempo que pasas con la persona que amas.

6

Crear rituales compartidos

Todo el mundo aporta una apariencia de ritual y tradición al matrimonio. El problema es que nunca hay espacio para dos y rara vez dos personas se han criado en la misma situación y circunstancia. Puede que hayas estado casado antes y que tengas ciertas formas rituales de celebrar aniversarios o fiestas. Puede que tu pareja haya crecido como hijo único y no esté acostumbrada a compartir espacio. El hecho de venir de mundos diferentes puede causar fricciones, o puede considerarse un gran punto de partida para una nueva vida.

La mezcla de dos mundos: Un matrimonio significa la mezcla de todos los rituales, tradiciones, creencias y valores individuales de la familia. A menudo es más fácil dejar de lado muchos de ellos y empezar de cero.

. . .

Las razones por las que consideras cuidadosamente los valores y creencias de la otra persona al emprender el camino de la relación se vuelven dolorosamente claras en este punto. Cuando los valores, los objetivos y las creencias de base están demasiado alejados, el matrimonio tendrá dificultades. Es lo que comúnmente se conoce como estar desunidos y puede significar un desastre para los planes futuros del matrimonio.

Esto no significa que las montañas sean infranqueables. Lo único que hay que hacer es buscar los valles y los caminos adecuados para pasar por encima, alrededor y a través de ellos. Todos los matrimonios serios han tenido que enfrentarse a estos problemas, pero muchos no han pensado mucho en ello de antemano. Es difícil ver las posibles señales de advertencia de futuros conflictos cuando todo parece ser divertido, nuevo y emocionante.

Con el tiempo, la realidad de la situación se impone y aprendes que formar tus propios rituales y tradiciones suele ser el camino más fácil.

. . .

La importancia de los rituales y las tradiciones: Los rituales y las tradiciones rigen tu vida más de lo que crees en este momento.

Se trata de casi todas las acciones repetidas que realizamos, ya sea en épocas de vacaciones, en días especiales o en una comida cotidiana.

Exploremos lo que son algunos de ellos, para que puedas tener una mejor idea de lo que tendrás que enfrentar cuando combines tus vidas.

¿Qué son los rituales? - Los rituales son acciones que se realizan con regularidad, normalmente a diario o semanalmente. Algunos son para toda la vida y son difíciles de romper. Algunos ejemplos de rituales son:

- Sentarse a la mesa para comer o comer delante de la televisión.
- Rutina de ejercicio diario.
- Hacer footing o caminar cada día.
- Ciertos días para realizar tareas como lavar la ropa o pasar la aspiradora.

¿Qué son las tradiciones? - Las tradiciones son cosas que se hacen, lugares a los que se va y artículos especiales que se comen o beben en ocasiones especiales.

Los días festivos suelen estar llenos de tradiciones. Algunos ejemplos son:

- Nochevieja y champán.
- Cena de cumpleaños fuera.
- Preparación de la comida de Acción de Gracias en casa o con la familia.
- Expectativas en el día de San Valentín.
- Apertura de los regalos de Navidad.

Habrá que explorar todos los rituales y tradiciones individuales para ver si tienen algún punto en común. Muchas veces, las tradiciones y los rituales deben ser sustituidos por otros que funcionen mejor para ambos.

Fiestas, cumpleaños y aniversarios: A no ser que se trate de una pareja que no celebre ninguna fiesta, aniversario o cumpleaños, tendrán que trabajar para intentar combinar las tradiciones que les sean favorables a ambos. Cada uno vendrá con sus propias experiencias y tradiciones familiares y el resultado será algo nuevo que es un híbrido de ambos o una creación completamente nueva.

Un ejemplo de mezcla de tradiciones es cuando te gusta cocinar una buena comida de cumpleaños, pero tu pareja no sabe cocinar. Siempre puedes mezclar las tradiciones. Tú cocinas su comida de cumpleaños y él te lleva a un restaurante para la tuya. Es la mezcla y la solución perfecta.

Crear recuerdos y normas: La parte importante de unirse como pareja es comunicar lo que nos gusta de ciertos rituales y tradiciones. Independientemente de cómo decidan proceder como pareja, creen grandes recuerdos y establezcan las normas que quieran para su nueva familia. Pueden apartarse completamente de todos los rituales y tradiciones que conocen y establecer otros nuevos.

Crear más de lo que se toma prestado: Una parte divertida y agradable de convertirse en un matrimonio sólido es establecer nuevas tradiciones y rituales que sean claramente propios. Tomar prestadas las partes que son una parte importante de su pasado e incorporarlas puede hacerse, pero asegúrense de discutirlo todo hasta el punto de sentirse cómodos con cualquier decisión. Creen nuevos rituales y tradiciones basados en las cosas que les gustan y son importantes como matrimonio. ¿Adónde les llevarán sus nuevos intereses combinados? Tal vez comiencen a tomar vacaciones de verano y lo conviertan en una tradición. Tal vez sea sentarse en un café favorito los fines de semana a tomar un café con leche. Todo depende de ti y de tu pareja.

Aprecien las nuevas tradiciones y rituales: Disfruten y aprecien todas las nuevas tradiciones y rituales, así como los que hayan diseñado para su vida en común. Su vida en común seguirá evolucionando, y la comunicación diaria que se practica les ayudará a cambiar las cosas como mejor les parezca. Es posible que tengan que continuar con algunos rituales y tradiciones por su cuenta.

Está bien, siempre que desarrollen un número saludable de ellos que puedan disfrutar juntos.

7

Sean juguetones juntos

LAS PELEAS OCASIONALES DE ALMOHADAS, el juego de las traes en el patio y los paseos a caballo pueden ayudar a mantener su matrimonio fresco, juvenil y divertido. Establecer algún nivel de interacción lúdica cada día es importante para vencer el aburrimiento que puede instalarse durante toda la vida de verse a diario. Cuanto más te esfuerces en este empeño, mejor será la recompensa para toda la vida.

Bromas divertidas por la mañana y por la noche: Seamos realistas, cuando ambos miembros del matrimonio tienen que trabajar varios días a la semana, los momentos más probables para pasar unos momentos juntos son por la mañana y por la noche.

• • •

Añade un poco de conversación juguetona a sus rutinas normales de preparar el desayuno, tomar café o acomodarse para pasar la noche frente al televisor.

Es el momento perfecto para contarle a tu pareja las cosas divertidas que te han pasado durante el día, un sueño loco de la noche anterior o encontrar un par de vídeos divertidos para ver en el smartphone. Puedes buscar listas de trivialidades extrañas y divertidas. Cualquier cosa que les haga reír a ti y a tu pareja es la dirección correcta.

Elige actividades divertidas: Ambos miembros del matrimonio deberían participar en la elección y planificación de actividades divertidas, pero no esperes a que la otra persona dé el primer paso. Habla con él o ella sobre el objetivo de animar las cosas y comience a planificar actividades estratégicas que sean divertidas para ambos. Es el momento de ampliar tus límites y participar en cosas nuevas. Puedes probar:

- Adoptar un perro y llevarlo a pasear diariamente a un parque local.
- Completar juntos un juego de pintura por números.
- Encontrar una cafetería que sirve refrescos de cerveza de raíz y comprar uno para compartir.

- Tomar clases de equitación juntos.
- Hacer ejercicio juntos en un centro de fitness local.

La mayoría de las actividades que encuentres pueden estar relativamente cerca de casa y costar poco dinero. La inversión de tiempo no tiene precio. Ambos se sentirán más satisfechos con su relación.

Disfrutar de las caricias consensuadas: Las palmaditas ocasionales en la cabeza, los abrazos rápidos, las friegas en los hombros o los besos en la nuca son una forma estupenda de añadir conexiones instantáneas cuando tu pareja es receptiva a las caricias consensuadas. El contacto humano tiene propiedades curativas que van más allá de los conocimientos actuales de la ciencia médica. Pueden ayudarles literalmente el uno al otro a estar más sanos y a construir un sistema inmunitario robusto incorporando el tacto frecuente a su vida cotidiana. Dale a tu pareja un inesperado masaje en los pies después de un duro día de trabajo. Acurrúquense en el sofá por la noche mientras ven una buena película. Ofrézcanse un masaje de cuerpo entero a la hora de acostarse.

Ayudará a inducir un buen descanso y podría llevar a lugares divertidos antes de que se apaguen las luces.

. . .

Viajes inesperados: Mantener el elemento sorpresa es otra forma de animar y mantener fresco el matrimonio. Tu pareja nunca sabrá qué esperar. Planifica con antelación un viaje inesperado por carretera para hacer turismo, asistir a un evento o simplemente alejarse de todo. Puedes tener un destino específico en mente o improvisar y conducir. El objetivo es aprovechar el día y volver a casa por la noche. Puedes probar cosas como:

- Conducir por una carretera panorámica.
- Recorrer una ciudad histórica, un museo o una galería de arte.
- Asistir a un festival o concierto local.
- Recoger tu propia fruta en un huerto local.
- Ir a pescar.
- Hacer senderismo.
- Hacer kayak.
- Hacer piragüismo.
- Hacer un crucero de un día en barco.

Es importante encontrar una niñera para los niños e ir sin familia o amigos. Es un momento para tomarse el día y pasar todos los momentos juntos haciendo cosas divertidas o disfrutando de hermosas vistas.

. . .

Escapadas de fin de semana: Requiere un poco más de planificación escaparse un fin de semana entero, pero merece la pena el esfuerzo.

Disfrutar de un tiempo de máxima relajación puede ser refrescante para su matrimonio y ayudar a eliminar el estrés de la vida diaria. Es como añadir unas minivacaciones a la apretada agenda. Los lugares a los que puedes ir estarán algo limitados, ya que no quieres que el tiempo de viaje supere las 4 horas. Todo lo que sea más les hará perder tiempo y les parecerá más trabajo del que merecen. Dependiendo de la ubicación, puedes probar:

- Pasar el fin de semana en un complejo turístico junto a la playa.
- Alquilar una pequeña cabaña en el bosque.
- Montar una tienda de campaña y pasar el fin de semana acampando.
- Pasar el fin de semana en un complejo turístico de lujo con spa.

Pasen todos los momentos posibles para reconectar y reavivar las chispas de su matrimonio. Comprueba los informes meteorológicos si planeas estar al aire libre y haz planes alternativos si no es adecuado para acampar o estar en la playa.

. . .

Elige un día para mimar a tu pareja: Otra forma de incorporar algo de diversión a tu matrimonio es planificar con antelación un día en el que tu pareja esté en casa y sorprenderla con un día completo de mimos.

Empieza por escabullirte de la cama temprano, prepara un sabroso desayuno y sírvelo en la cama. Establece las reglas para que no haya que hacer nada ni siquiera parecido al trabajo y ellos sean el rey o la reina durante todo el día. Esposas: lleven a su marido a cortarse el pelo y a afeitarse. Maridos: lleven a su mujer a que se arregle el pelo y las uñas. La alegría que le produce a tu pareja hará que todo merezca la pena.

8

Conoce cuándo decir "no" y cuándo aceptar el "no"

¿Has perdido de vista cuándo está bien decir o aceptar la palabra "no"? El conflicto puede surgir, y lo hará, si no hay límites establecidos. La forma de aprender los límites es ponerlos a prueba y definirlos para que tu pareja nunca esté a oscuras. Los problemas pueden surgir cuando los miembros del matrimonio no se ponen de acuerdo en las decisiones conjuntas o uno siente que siempre tiene que capitular. Aprender y crear los límites adecuados hará que todos estén contentos. Ver las cosas desde los ojos de tu pareja puede ayudar a que las decisiones conjuntas sean más fáciles.

Decir "no" y crear límites sanos: Las mujeres en las relaciones corren el mayor riesgo de sobrepasar el tiempo y tratar de asumir demasiado por miedo a decir "no" cuando sería perfectamente razonable hacerlo.

Un ejemplo es cuando ambos miembros del matrimonio trabajan a tiempo completo y tienen hijos. La mujer suele asumir el papel de cuidadora y preparar la comida, asegurarse de que los deberes están hechos, los platos lavados y los niños bañados. Si el marido le pide amablemente que le planche la camisa para el trabajo al día siguiente, ¿debe decir "sí"? Ciertamente está bien si ella se siente capaz de hacerlo, pero con una cantidad asombrosa de trabajo después de la salida, está perfectamente bien decir "no".

Lo mismo ocurre a la inversa. Si tu marido ha trabajado un largo día, ¿es justo exigirle que corte el césped, pinte la habitación de atrás y reorganice el garaje en una tarde? Si tiene la resistencia y la energía necesarias, está bien.

También está bien decir "no" cuando se acumula y es una cantidad de trabajo irrazonable de una sola vez. Es importante mantener un equilibrio y unos límites saludables.

¿Cuándo es bueno decir "no"? Las razones para decir "no" pueden ser tan numerosas como las de decir "sí".

Es posible que siempre quieras ser visto como el que se lleva bien con todo el mundo y hará lo que sea necesario para no dejar mal a alguien, pero ¿merece la pena asumir demasiado? Puede y acabará llevando al camino del resentimiento y las discusiones. Cada vez que algo va en contra de tus límites personales, como no querer ayuda con cada pequeño problema que mencionas o sentirte presionado con tu tiempo limitado, es correcto dar un paso atrás y decir "no".

Puedes encontrar una forma de decir "no" que no sea conflictiva y que te permita establecer y mantener límites y fronteras saludables. El propósito de establecer un matrimonio de por vida no es poner tanta carga sobre ti que no puedas funcionar. A la larga, eso acabará destrozándote. Es mejor aprender a decir "no" en los momentos adecuados desde el principio.

Cuando tú o tu pareja ven el panorama general: Ponerse a la mesa para tomar decisiones conjuntas puede ser difícil en algunas situaciones. Tú y tu pareja pueden estar en desacuerdo sobre la compra de un nuevo coche, la realización de un gran traslado o la creación de una familia. Suelen ser las decisiones más importantes y trascendentales las que resultan más difíciles. Da un paso atrás y trata de ver la situación con calma desde los ojos de tu pareja. ¿Ven ellos algo que tú no ves?

¿Es posible que usted se deje llevar por la emoción de pensar en un nuevo coche, un nuevo bebé o casa en un nuevo lugar? ¿Qué va a suponer una mudanza importante? ¿Una gran compra va a suponer un golpe importante en el presupuesto? ¿Cómo afectará la formación de una familia a los ingresos del hogar? ¿Es posible en este momento? Asegúrate de que las decisiones que se tomen sean sensatas y reflejen el esfuerzo de equipo que supone llevar un hogar. Es posible que tu pareja vea las cosas de forma más sensata.

Cuándo hay que aceptar con gracia el "no": Las parejas compuestas por compañeros que fueron "hijos únicos" y algo mimados tendrán dificultades para escuchar un "no" en ocasiones. Es posible estar tan envuelto en los deseos personales que es fácil olvidar que la otra persona tiene sentimientos, deseos y sus propios deseos en la vida. Tal vez tu marido no pueda soportar la idea de una cocina rosa. Tal vez tu mujer está cansada de tropezar con la caja de herramientas en el estudio. Traer una herramienta más puede ser el comienzo de una enorme discusión que podría haberse evitado aceptando la palabra "no".

. . .

Si tu pareja parece tener razones válidas para decir "no", puede ser prudente aceptar esa respuesta.

Nunca es inteligente tratar de ser el ganador en cada situación y el controlador del resultado de cada decisión.

Llegar a un término medio es la mejor manera de abordar las decisiones más volátiles que hay que tomar.

Comprende que tu pareja puede estar preocupada por las finanzas con grandes compras. Puede ser un caso en el que ame su trabajo y no esté dispuesto a mudarse o se encuentre sin ganas de formar una familia en este momento. Las decisiones grandes e importantes deben tomarse conjuntamente.

Evitando la mentalidad de "siervo de la gente": "Servir a la gente" como forma de vida garantiza que tu pareja nunca tendrá que preocuparse de que digas "no", pero la satisfacción y la felicidad de tu relación pueden ser dudosas en ocasiones. Aprende a reconocer cuándo ésta es una cualidad que tú o tu pareja poseen. ¿Qué aspecto tiene la mentalidad de "complacer a la gente"? Algunos ejemplos son:

- "¿Dónde te gustaría comer?" "Oh, no importa. No soy exigente".
- "¿Qué película quieres ver?" "Elige una. Me parece bien lo que sea".
- "¿Qué te gustaría ir a hacer?" "Elige tú. A mí me da igual".

Puede ser que realmente no seas tan exigente y selectivo con las cosas. Puede que tu pareja esté expresando su deseo de que le ayudes a tomar la decisión. Es raro que la gente no tenga comidas específicas y gustos en actividades y películas. Tu falta de voluntad para expresarlo puede convertirse en una fuente de frustración para tu pareja.

Ellos buscan unos límites que tú pareces no estar dispuesto a establecer.

Mantener la individualidad dentro de la pareja: Parte de la razón por la que debes ser capaz de decir y aceptar el "no" es para ayudar a mantener la individualidad tanto tuya como de tu pareja dentro de la pareja. Con el tiempo debería ser fácil trabajar dentro de los límites establecidos para disfrutar de algunas preferencias individuales y ser lo suficientemente flexible para permitirles lo mismo. Nadie quiere estar en matrimonio con una persona robótica. Cuando se conocieron tenían una personalidad definida y esperan que se mantenga intacta, incluso cuando se conviertan en un matrimonio veterano.

9

El arte de la negociación y el compromiso

No hay dos personas que puedan vivir en el mismo hogar día tras día, durante años, sin aprender a comprometerse y negociar. La negociación no siempre es posible, pero el compromiso nunca debe ser unilateral. El objetivo nunca debe ser la privación o el sacrificio, sino la satisfacción de las necesidades y deseos de ambos de manera justa y equilibrada. Un miembro de la pareja alfa nunca debe esforzarse por "salirse siempre con la suya". Tampoco el socio más beta debe ceder en exceso. Ambas posturas duras tienen sus propios problemas.

¿Cuál es la diferencia entre la negociación y el compromiso?: El compromiso es un proceso en el que se acepta ceder algo para llegar a un punto común de acuerdo entre dos partes o individuos.

. . .

Un buen compromiso es aquel que se hace de forma positiva y en beneficio de toda la situación. Es la forma correcta de manejar algunas situaciones en las que tú y tu pareja os encontráis en desacuerdo, pero no demasiado lejos. Un ejemplo es que ambos queráis salir a cenar pero no os pongáis de acuerdo en la hora. Tú quieres ir antes para poder llegar a casa y ver una película que ponen a una hora determinada. Tu pareja quiere ir más tarde porque odia conducir con mucho tráfico. Pueden llegar a un acuerdo saliendo un poco más tarde para evitar lo peor del tráfico y programar el DVR para que la película quede grabada en caso de que lleguen tarde a casa.

La negociación es un poco diferente. Se utiliza para incorporar un poco de compromiso y apalancamiento para conseguir exactamente lo que quieres y un poco más cuando la diferencia es mucho mayor entre los términos aceptables. Un ejemplo de ello es que, al planear una reunión con amigos, tu pareja dice que no soporta estar cerca de "X" e "Y", pero que "Z" está bien. Le dices que "X" va a venir, pero que puedes invitar a dos de tus amigos para que te ayuden a distraerte de tu aversión a "Y". En esta negociación, ambos pueden pasar el rato con sus amigos preferidos al mismo tiempo y todos salen ganando.

Por qué ambas son habilidades necesarias en un matrimonio exitoso: Habrá momentos en los que se necesitan fuertes habilidades de compromiso y negociación para mantener la paz. No todo el mundo estará de acuerdo en todo momento. Ya sea por falta de intereses comunes, por choques de personalidad con los amigos o por relaciones difíciles con miembros vitales de la familia, surgirán situaciones que requerirán negociación. De todos modos, no es una mala habilidad que hay que aprender para la vida.

Puede utilizarse en casi cualquier circunstancia, incluyendo el trato con otros amigos, la familia, los compañeros de trabajo, etc.

El compromiso debe implicar que ambas partes estén dispuestas a encontrarse en el medio: El compromiso en un matrimonio debe ser siempre justo y equilibrado.

Ambas partes deben estar dispuestas y ser capaces de ceder algo para lograr un objetivo final. El compromiso también debe hacerse de forma positiva. Siempre hay que procurar que ninguna persona sacrifique lo que considera importante para lograr esa paz. Se hace de forma justa, equitativa y equilibrada.

En el ejemplo anterior de compromiso para salir a cenar, se encontró una hora que permitía a la pareja preocupada por el tráfico intenso ir a una hora menos concurrida y la pareja preocupada por perderse la película podía estar tranquila con que se grabara si no volvía a la hora que empezaba. Ninguno de los dos sacrificó nada para lograr una solución equilibrada.

La negociación es una forma superior de conseguir lo que ambos quieren: El arte de la negociación requiere más tiempo y planificación para obtener el resultado deseado, pero cualquiera puede aprender a dominarlo bien con su pareja. Empezarás a pensar en términos de posibles escenarios de negociación a medida que te sientas más cómodo con sus gustos y disgustos frente a los tuyos. Es imposible vivir una vida de felicidad en la relación sin saber cómo comprometerse y negociar para obtener resoluciones.

Nunca se discuta el compromiso o la negociación cuando estén enojados: Las cosas nunca salen bien cuando se intenta llegar a un acuerdo o negociar cuando uno o ambos miembros del matrimonio están enfadados. Es difícil para todos superar las emociones y centrarse en una solución real. Tómate un tiempo y deja pasar el enfado antes de intentar negociar cualquier tipo de compromiso.

Es difícil cuando se trata de temas difíciles como el trato con los excónyuges o las reuniones familiares cuando a la familia no le gusta tu pareja. Las soluciones son posibles, pero hay que tener en cuenta todos los detalles.

Involucra a un mediador si te quedas atascado: Si la situación parece desesperada y no consigues superar el problema y encontrar una solución, busca un buen mediador que te ayude. Puedes recurrir a la ayuda de un servicio de mediación o pedir a un amigo o familiar imparcial que te ayude a resolver las cosas. Es fundamental que recurras a alguien que no incline la balanza a favor de ninguno de los dos. También debe ser alguien que no sea propenso a los chismes. Intenta que los desacuerdos que tengan queden entre los dos.

10

Relaciones externas al matrimonio; las padres y los amigos

Cuando se trata de los padres, es difícil encontrar un equilibrio total en su forma de reaccionar ante cada situación. La mayoría de las veces, los padres se ponen del lado de su hijo o hija por encima del de su pareja. Es así con la mayoría de los miembros de la familia. Es bueno tener una relación sana con los padres, pero es esencial que no se involucren en la toma de decisiones de su hogar. Si tu pareja siente que está influyendo mucho en las decisiones, podrías estar en aguas turbulentas.

No fuerces a tu pareja a asistir a todos los acontecimientos familiares: Cuando las relaciones sean difíciles entre tú y los padres de tu pareja, o entre tu pareja y sus propios padres, no fuerces la asistencia a todos los acontecimientos familiares.

. . .

Puedes asistir a los más importantes, como los cumpleaños, las fiestas y los aniversarios, pero no dudes en saltarte la recurrente cena del domingo por la noche. Recuerda que es el momento de empezar a crear tus propias tradiciones y rituales. Si todo el mundo se lleva bien, no dudes en pasar más tiempo juntos. Consulta con tu pareja antes de comprometerte a nada. Puede que se resienta si se siente forzado porque ya has prometido su asistencia.

No dejes que los padres te hagan sentir culpable: Hacerte culpable por no poder verte tanto como antes o por no querer pasar tiempo con nadie, están sentando un terrible precedente que debes cortar de raíz rápidamente. Puedes acabar sintiendo que alguien te arrastra por la cuerda del corazón si esto se prolonga durante mucho tiempo.

Es un tipo de condicionamiento que puede tenerte corriendo en círculos y a tu pareja furiosa. Lleva a esconder las llamadas telefónicas, a colar los almuerzos y a todo tipo de situaciones que acabarán haciéndote sentir culpable y que estás haciendo algo mal. Que tus padres entiendan que ahora eres un paquete. Haz que lleguen a la conclusión de que tienen que dar una oportunidad a tu pareja.

. . .

Los padres pueden comportarse mal: No descartes inmediatamente lo que dice tu pareja si está denunciando un incidente de maltrato por parte de un padre. Los padres PUEDEN comportarse mal, especialmente si creen que pueden intimidar a tu pareja. Es más habitual en los padres que tienen un carácter controlador y puede provocar auténticas discusiones en casa. Tenderás a intentar defender a los padres, que pueden estar completamente equivocados. Valida siempre los sentimientos de tu pareja. Empatiza con la experiencia que han tenido y ofrécete a hablar con la parte infractora. Tu pareja se sentirá mejor si le escuchas y validas lo mal que se siente por la situación.

Sácalos del matrimonio: Una cosa que hay que tener en cuenta son los intercambios acalorados que pueden ponerse feos en poco tiempo. Si te encuentras con que tu pareja está siendo atacada por poco o ningún motivo, lo correcto es intervenir y hacer que se retire. Haz que las dos partes se separen, ya sea abandonando una función familiar o haciendo que los padres se vayan de tu casa. Lo mejor es separar a todos hasta que la situación se calme.

. . .

No querrás que nadie acabe herido o en la cárcel por culpa de los ánimos encendidos.

No cuentes a los padres todos los detalles jugosos de sus vidas matrimoniales: Puedes acabar trayendo problemas con los padres si das demasiados detalles sobre lo que pasa en tu casa. Es mejor que te guardes algunas cosas para ti. Los padres se sentirán naturalmente atraídos por proteger y defender a su hijo mayor. Así funciona la humanidad. Algunos padres son capaces de ver las cosas con objetividad, sobre todo con el paso del tiempo. No esperes eso durante los primeros meses o incluso años.

No cambies los planes por los padres: Otro hecho esperado con los padres que intentan ser más controladores de lo necesario es aparecer en momentos inesperados. Nunca debe sentar el precedente de cancelar viajes u otros planes para adaptarse a esta situación. Las emergencias familiares y las enfermedades son otra historia, pero aparecer de la nada de forma inesperada es injusto para su matrimonio. Asegúrate de establecer los límites y las reglas básicas con firmeza desde el principio.

No corras a pedir consejo a tus padres - Pídele a tu pareja: Añadir estrés a su matrimonio es también una garantía al correr constantemente a tus padres para pedir consejo que deberías buscar en tu pareja. Deja a tu pareja con la sensación de que no confías ni valoras su opinión.

Esta sensación tiende a desaparecer con el tiempo, sobre todo si tus padres llegan a aceptar a tu pareja, pero puede ser la causa de algunas discusiones explosivas si apenas se hablan. Es prioritario que pidas consejo a tu pareja **PRIMERO** y que nunca hagas planes para tomar medidas sin consultar con tu pareja.

Desconfía del dramatismo y la sobre dramatización de los acontecimientos: Ambos miembros del matrimonio son los que mejor pueden juzgar los comportamientos de sus propios padres. Ten cuidado con incluir a los padres en la información sobre situaciones que pueden ser sobredimensionadas y dramatizadas. Si tus padres tienen fama de hacer montañas de un grano de arena, no les comuniques el último desacuerdo con tu pareja. Trata de no difuminar las situaciones que crean dramatismo o que se utilizan para provocar un montón de agitación y caos.

Haz que tu casa sea un espacio de paz, no una zona de guerra constante.

. . .

Los amigos: El mejor de los casos es cuando todos tus amigos y los amigos de tu pareja te quieren tanto como a tu compañero. Ocurrirá de vez en cuando, pero rara vez es así para todos los amigos y en todas las situaciones. Rápidamente puede convertirse en un punto de discordia que aporte un estrés innecesario a tu vida.

Amigos y fricciones: Los matrimonios evolucionan a partir del deseo de la pareja de pasar cada vez más tiempo cerca del otro, renunciando a menudo a la presencia de cualquier otra persona. Puede parecer un choque para los amigos que están acostumbrados a pasar todo el tiempo que quieren en su residencia o fuera haciendo actividades favoritas. De repente tienen menos tiempo disponible, lo que puede provocar sentimientos de inseguridad, soledad o abandono por parte de los amigos cercanos. Es importante permitir que se sientan incluidos a veces, pero también es necesario que le dediques la parte más sana de tu tiempo a tu pareja. Si los sentimientos de resentimiento e inseguridad no son demasiado drásticos, es una situación que puede funcionar cuando se dan los pasos adecuados.

Dejar atrás a los amigos de la infancia: ¿es necesario?: Por mucho que tú y tu pareja quieran que todas las amistades permanezcan intactas, puede revelarse como una situación imposible. Tienes que trazar una línea figurada en la arena para los comportamientos que son intolerables.

Tienes que mantenerte en estrecha comunicación con tu pareja en lo que respecta a la forma en que tú y ellos están siendo tratados por los amigos.

Es posible que quieras considerar una confrontación tranquila o empezar a cortar lazos si:

- Los amigos empiezan a hacer comentarios groseros o insinuaciones sexuales hacia tu pareja.
- Los amigos son hostiles hacia ti o tu pareja.
- Aportan una negatividad constante.
- Exigen cada vez más su tiempo.
- Le dicen mentiras a tu pareja para tratar de enfadarla.

Es posible que puedas salvar la situación si tienes una discusión abierta y honesta con los amigos sobre los malos comportamientos, pero hay veces que las amistades tienen que desaparecer si quieres seguir con la pareja que has elegido.

. . .

Eliminar el síndrome de la tercera rueda: Intenta ser más discreto con los planes que tengas si ves que tus amigos aparecen de repente en los mismos restaurantes o eventos y se invitan a sí mismos a salir.

No hay nada más miserable en una noche de cita que tener un inesperado e indeseado tercero en discordia.

Puedes ofrecerte a hacer una cita doble si quieren planearlo con antelación y es cómodo para tu pareja. Al final tendrás que empezar a ser algo reservado con los planes especiales con personas que no captan una sutil indirecta. Asegúrate de programar algo de tiempo para pasar con ellos en el futuro. No querrás que tus amigos sientan que te has olvidado completamente de ellos.

¿Por qué no pueden llevarse todos bien? Los choques de personalidad también pueden ser un gran problema que hace casi imposible estar cerca de tus amigos o tener a tu pareja cerca de tus amigos. Rara vez se trata de un grupo de individuos. Puedes tener uno que te haga saber constantemente lo mucho que soporta a tu pareja. A menos que el amigo comience a modificar su lenguaje y su comportamiento, las amistades tienden a desvanecerse. Si realmente no te soportan a ti o a tu pareja, comenzarán a alejarse de tu presencia. Por lo general, es un problema que se soluciona solo.

Hacer las paces con los mejores amigos: ¿Cuántas veces has escuchado ese término?

Merece la pena tomarse un tiempo para intentar resolver la situación si se trata de un amigo al que tú o tu pareja le tienen mucho cariño y han mantenido una larga amistad.

Los buenos amigos son difíciles de encontrar en un mundo desechable. Haz todo lo posible para que los amigos de tu pareja se sientan bienvenidos e incluidos en los eventos apropiados. Evita poner los ojos en blanco, suspirar o hacer comentarios negativos cuando estén cerca. Acuérdate de ellos en los días festivos y en su cumpleaños.

Pequeños pasos como éste pueden empezar a hacerte querer y descubrirás que sus dudas se desvanecen. Si mantienes un diálogo abierto y demuestras que te preocupas por tu pareja, se alivian todas las formas de inseguridad.

. . .

No metas a tus amigos en los problemas de la relación:

Haz todo lo posible por no meter a tus amigos en los problemas de la relación. Lo que podría ser un simple malentendido o un problema temporal puede ser exagerado por amigos demasiado preocupados. Esto les obliga a mantener sus lealtades y es injusto para tu pareja.

Puede cambiar la dinámica de sus interacciones y hacer que todos se sientan incómodos.

Nunca puedes estar seguro de que tus problemas no se estén difundiendo por toda la ciudad. Los problemas de pareja nunca mejoran con chismes y conjeturas. Escuchar rumores puede herir profundamente a la persona que amas. Si necesitas confiar en un amigo, intenta seguir estas reglas:

- Asegúrate de que es un amigo en el que realmente confías.
- A ser posible, que sea una pregunta generalizada.
- Nunca eches toda la culpa a tu pareja.
- Haz que se entienda que buscas una solución, no el fin de la relación.

Reserva tiempo para tus amigos y tu pareja por separado: Equilibrar tu tiempo libre es el componente crucial para hacer felices a tus amigos y a tu pareja. Consulta con tu pareja para asegurarte de que está bien hacer planes para ir a ver una película o ir a un partido de baloncesto.

Anima a tu pareja a que intente encontrar tiempo para pasar con sus amigos de vez en cuando.

Tener intereses fuera de la relación ayuda a mantener el crecimiento. He aquí algunas formas de hacer posible este truco imposible:

- Asegúrate de que tu pareja ha conocido y se siente cómoda con el amigo con el que saldrá de vez en cuando.0
- Invítale a cenar unas cuantas veces.
- Planifica los eventos con la mayor antelación posible.
- Haz que estas salidas sean de una cantidad y duración razonables.
- Nunca canceles los planes con tu pareja para pasar tiempo con tus amigos.
- Da prioridad a los días y horarios de tu pareja.
- Mantén las tradiciones y los rituales que has empezado a crear.

11

Hazte un experto sobre tu pareja

Cuanto más sepas y estés dispuesto a aprender sobre tu pareja, más se acercarán y a un ritmo mucho más rápido.

Encontrar unos pocos datos con los que identificarse te ayudará a tener la seguridad de que has encontrado a tu pareja para siempre, en matrimonio. No quieren ser gemelos idénticos en todo, pero unas cuantas cosas en común les proporcionan un vínculo instantáneo. Algunas áreas como los objetivos y los valores son importantes para estar en la misma página para el éxito del matrimonio.

Conoce la historia de tu pareja:

. . .

Conocer algunos aspectos básicos de la historia de tu pareja y compartir abiertamente su historia les dará a cada uno una base para empezar a explorar más a fondo. No se puede esperar que recuerdes todo al principio, sino que vayas ampliando la información a medida que pasa el tiempo. Algunas de las cosas con las que se puede empezar podrían ser:

- Dónde nacieron.
- Dónde crecieron.
- El tamaño de su familia.
- Dónde se encuentra su familia.
- El nivel de estudios.
- Profesión y experiencia laboral.
- Cualquier relación o matrimonio serio anterior.
- Si tiene hijos y dónde se encuentran.

Una pequeña cantidad de información para empezar te permitirá iniciar conversaciones que te lleven a aprender aún más. Es importante tener suficiente información para sentirse cómodo de que estás haciendo una gran elección de pareja.

Habla de las ambiciones y objetivos de la vida: ¿Cuáles son tus objetivos en la vida? ¿Quieres vivir en una gran ciudad o sueñas con una pequeña casa de campo cerca del bosque?

¿Te gustan los coches lujosos o una vieja camioneta 4X4 es todo lo que quieres y necesitas? ¿Cuáles son tus ambiciones en cuanto a carrera, propiedad de la vivienda, salario, planes de jubilación y ahorros? Puedes averiguar la misma información a cambio. Es vital asegurarse de que tú y tu pareja tienen ambiciones y objetivos que se alinean entre sí o terminarán siendo una persona miserable.

Conoce sus valores fundamentales y si se alinean con los tuyos: Los valores fundamentales son el valor que das a cosas como la honestidad, la integridad, la ética del trabajo, la compasión, etc. Sería difícil establecer un matrimonio con alguien que ha robado un poco en una tienda o que considera que mentir no es gran cosa si esos no son también tus valores. Es una receta para el desastre inmediato.

La mayoría de los valores fundamentales se establecen antes de los seis años, aunque eso no significa que no se puedan añadir y ampliar a lo largo de la vida. Es bueno saber de dónde se parte y ver dónde se alinean las cosas y dónde hay problemas potenciales.

. . .

¿Cuáles son sus gustos en música, películas, libros y comida?:

Las grandes conversaciones requieren un buen suministro de intereses básicos y saber cuáles son sus gustos en música, películas, libros, comida, moda y todas las cosas actuales o de moda. Cuanto mejor se compartan los intrincados gustos y disgustos de lo básico en la vida, más amplio será el campo para las conversaciones poderosas.

También es bueno conocer las áreas en las que pueden diferir, al menos ligeramente. Puede ayudar a exponerte a algo diferente que quizá acabes amando igualmente.

Todas las personas a las que les gusta la comida china no se dieron cuenta hasta que la probaron. Compartir nuevas experiencias te obliga a ver tus favoritos bajo una nueva luz. Puede insuflar nueva vida a lo que se había quedado estancado.

¿Cuál es su color, animal o coche favorito?: Continúa con ello. No has terminado el proceso de aprendizaje si quieres convertirte en un verdadero experto en tu pareja.

. . .

Todavía tienes que descubrir cosas importantes como cuál es su color favorito, su coche preferido, su animal favorito y si prefiere el oro o la plata.

Es casi como si se abriera una compuerta y las conversaciones se volvieran poderosas y llenas de información vital. También proporciona muchas pistas sobre lo que se puede regalar para los cumpleaños, las vacaciones y los aniversarios. El cielo es el límite a la hora de hacer la pregunta, pero intenta repartir el interrogatorio a lo largo de un periodo largo de tiempo.

¿Tu pareja es un pensador profundo o impulsivo por naturaleza?: La forma de comunicarse de una persona puede tener mucho que ver con su personalidad de base.

Podrás hacer observaciones con la misma facilidad con la que ellos pueden ver en qué lugar del espectro te encuentras. Los individuos más reservados y de pensamiento profundo suelen tener menos palabras que decir. Sin embargo, tienden a poner mucho énfasis en las palabras utilizadas. Puede ser que sean introvertidos. No significa que sean tímidos, sino más deliberados y selectivos en su actuación.

. . .

Una persona más impulsiva suele considerarse extrovertida. Aunque pueda parecer que está por todas partes, las tareas y las conversaciones son habituales y se hacen a su manera. Descubrirás que las personalidades más impulsivas casi nunca se quedan sin temas de conversación.

La mayoría son optimistas y muy enérgicas. Hacer estas sencillas observaciones puede indicarle las mejores direcciones para iniciar y continuar una conversación.

¿Cuáles son algunos de los hábitos básicos de tu pareja? Aprender algunos de sus hábitos básicos te ayudará a convertirte en un experto en tu pareja. ¿Sale a correr todos los lunes y miércoles por la mañana? ¿Hay un programa que tienen que ver los viernes por la noche? ¿Prefiere tomar café en el patio en su día libre? ¿Tienen un irritante tic en el ojo si dejas un plato sucio en el fregadero después de una merienda de medianoche? Estudiar y comprender los hábitos de tu pareja te ayudará a trabajar más al unísono y a crear un entorno doméstico feliz.

¿Qué necesitan de una relación?: Todas las partes de la información que recopiles culminan mostrándote lo que buscan y necesitan de una relación. Haz las preguntas importantes, asimila la información y utilízala para ayudar a crear una transición más suave en el matrimonio.

Aprender sobre tu pareja debería ser algo que esperas con ansia cada día. La mayoría de los matrimonios exitosos no se basan en un ajuste perfecto.

Lo que marca la diferencia es encontrar formas de encajar juntos en las áreas irregulares. Encontrar formas de crecer juntos es el objetivo final.

Saber que hay en su "maleta": Cada persona lleva una "maleta" de creencias e ideales que conforman su visión y percepción cotidiana del mundo. La mayoría no se sienten cómodos mostrando esto a personas con las que no están familiarizados ni se sienten cómodos, incluido tú, inicialmente. Empieza a deshacer esta maleta y a echar un vistazo a su contenido a la primera oportunidad que tengas. Debes estar dispuesto a permitirles el acceso a tu maleta personal. Ser abierto y honesto en la comunicación es fundamental para crecer juntos en lugar de separados.

La importancia de ver el paquete completo: El proceso de desempacar esta maleta y dar una inspección a cada área comienza durante la fase de citas. Es bueno explorar cuáles son las creencias de tu pareja en cada aspecto de la vida, el amor y la interacción humana. ¿Qué tal se lleva con la gente, incluso más allá de su relación contigo? ¿Son capaces de mantener un trabajo estable y relacionarse bien con sus amigos? ¿Chocan con frecuencia con las figuras de autoridad? ¿Parece maduro cuando se le exige?

Es importante fijarse en estos detalles para comprender el panorama general. La forma en que se comunican o no se comunican con los demás puede ser una señal de advertencia de que las cosas pueden romperse.

¿Ves un estado de ánimo estable y una personalidad compatible?: Los cambios de humor repentinos y drásticos en una pareja pueden hacer la vida miserable.

¿Parece tener un semblante estable la mayor parte del tiempo? Los cambios hormonales mensuales pueden desorientar a las mujeres, pero también pueden indicar su capacidad para manejar el estrés y la ansiedad. Hablar de los posibles factores de estrés y de las formas de reducir la ansiedad puede ayudaros a ti y a tu pareja. Mientras sus personalidades básicas parezcan compatibles, el resto es factible. A tu pareja le sorprenderá que estés dispuesto a ayudarle a hablar de sus preocupaciones y ansiedades.

. . .

¿Qué hace que su pareja sea emocional?: Todas las personas tienen un umbral diferente de respuesta emocional a todo en la vida. El control emocional y la capacidad de mostrar las emociones son igualmente importantes para poder transmitir los sentimientos adecuadamente. ¿Tienen problemas para hablar de temas emocionales? ¿Tienes que ser tú quien inicie el afecto?

Es importante encontrar un término medio que permita a ambos sentirse cómodos compartiendo y demostrando una respuesta emocional. Puede que tu pareja necesite salir de su zona de confort y experimentar una nueva forma de responder a las cosas.

¿Cuáles son sus manías? Las manías son pequeñas cosas que sacan de quicio a la gente. Es útil saber cuáles son esas cosas con tu pareja. También deberías transmitirle tus manías. Puede ser algo tan insignificante como que no carguen el lavavajillas como lo hacen normalmente.

Aprender cuáles son las manías de cada uno y evitarlas ayudará a crear un ambiente más armonioso en el hogar.

. . .

En lugar de considerarlos como una información trivial, piensa en cómo te sientes cuando tu manía está delante de ti. Zapatos dejados en medio del suelo, ropa apilada en un rincón en lugar de en el cesto, o cualquier cosa que realmente te haga hervir la sangre.

¿Cuál es su visión del mundo?: ¿Cómo ve tu pareja el mundo? ¿Hay alguna opinión política fuerte que pueda chocar con la tuya?

¿Es el temor a que la economía mundial se hunda una de las primeras cosas de las que hablan cada mañana? Lo último que alguien quiere a primera hora de la mañana es escuchar desvaríos políticos. Merece la pena explorar cuáles son sus visiones del mundo y cómo puedes ayudar a minimizar cualquier conflicto evitando determinados temas de discusión. No es el fin del mundo tener puntos de vista diferentes.

¿Por qué tienen sus puntos de vista particulares? Si tu pareja tiene una fuerte visión del mundo y parece muy obstinada, intenta averiguar por qué piensa así. A menudo se trata de una idea generacional que se transmite en la familia. ¿Les parece bien que tus opiniones sean un poco diferentes o menos fuertes? Lo último que quieres es sentir que tienes que convertirte a unas creencias y opiniones con las que no te sientes cómodo, igual que ellos querrían convertirse a las tuyas. La mayoría de la gente tiende a caer en algún lugar en el rango moderado de los puntos de vista políticos y del mundo. No suele ser un gran problema en la mayoría de los matrimonios.

¿Hay algún equipaje extra? Las personas tienden a llevar un equipaje extra que no siempre se puede detectar inmediatamente. Pueden ser viejas heridas arrastradas de una relación o matrimonio desastroso.

Puede ser el resultado de haber sufrido abusos en la infancia. Este tipo de incidencias que dejan dolor y trauma pueden afectar a su forma de responder y tratar con la gente. Puede dar lugar a problemas de confianza o miedo al abandono. Hay que prestar atención a algunas palabras clave cuando se habla de todos estos temas. Algunas palabras que hay que buscar son:

- Divorcio - de los padres o de ellos mismos.
- Problemas de custodia de los hijos.
- Abuso infantil.
- Abuso de pareja.
- Crianza con alcohólicos o adictos a las drogas.
- Pareja infiel.

Cómo convertirse en un experto en manejar "equipajes": El hecho de que alguien lleve un poco de equipaje extra no lo convierte en una mala pareja potencial. Puede que haga falta tiempo y paciencia para ganarse completamente su confianza. Es posible que tu pareja empiece a sentir automáticamente altos niveles de ansiedad si no llegas a casa justo cuando se espera y se apresure a pensar que le estás engañando. Ten el móvil a mano y llama si se te hace tarde. Un pequeño gesto como éste ayudará a tranquilizar su mente y a mantenerla fuera de un lugar mayor y malo.

12

Afrontar los problemas juntos

No importa lo bien que vivas tu vida, los problemas vendrán y se irán. Algunos son mucho más grandes y malos que otros. Es esencial que se decidan a ayudarse mutuamente a enfrentar los problemas y solucionarlos juntos. Cualquier otra cosa no es un verdadero compromiso con el matrimonio. Tu mayor herramienta para afrontar y resolver los problemas es mantener una buena comunicación. Es imposible leer la mente de tu pareja. Necesitas el beneficio del diálogo.

No ocultes los problemas a tu pareja: Nunca ocultes los problemas a tu pareja. Si son lo suficientemente graves, se enterarán de todos modos con el tiempo, a menos que planees desaparecer. La mayoría de los problemas pueden atajarse rápidamente si se trabaja en equipo desde el principio. Ocultar un problema sólo permitirá que crezca.

Puede ser tentador tratar de ocultar el problema si temes que te traiga vergüenza, como por ejemplo el sobregiro de tu cuenta bancaria. Esto no hará que desaparezca más rápido. Algunas de las ventajas de contarle a tu pareja los problemas a medida que van surgiendo son:

- Ya no tienes que preocuparte solo.
- Tu pareja puede encontrar una solución rápida.
- Obtienes apoyo inmediato, que puedes necesitar.
- Cultivas la confianza con tu pareja.
- Dos cabezas pueden encontrar una solución más rápido que una.

No te cierres mental o emocionalmente: El estrés y la ansiedad extremos que siguen a la constatación de que se avecina un gran problema pueden amenazar con cerrarte emocional o mentalmente. Tienes que luchar para mantenerte en el juego y dar una ayuda útil a tu pareja para resolver el problema. Puede que te encuentres sin ganas de hablar, enfadado o durmiendo más. Necesitas sacudirte los sentimientos de depresión y pesadumbre para seguir adelante. No tienes la opción ni el lujo de abandonar una situación si también afecta a tu pareja.

. . .

Un problema grave como descubrir que tu casa va a ser ejecutada puede ser traumatizante. Puede que hayas sabido instintivamente que el momento se acercaba, pero es diferente ver todo en letra blanca y negra. Es comprensible, pero hay que ponerse en marcha rápidamente para gestionar las cosas. Tanto si se trata de resolver la ejecución hipotecaria como de encontrar otro lugar para vivir, el tiempo es esencial.

Los problemas externos necesitan un frente común: Lo bueno de estar en un matrimonio es que realmente pueden trabajar como un frente unificado contra cualquier problema externo que intente entrar en su territorio. Ninguno de los dos tiene que enfrentarse a las situaciones en solitario. Aunque parezca una batalla difícil, se permite el privilegio de acercarse y sentirse más como un equipo. Puede ser una de las mejores cosas que ocurran a la hora de fortalecer su matrimonio. También conlleva la posibilidad de destrozar el matrimonio si no trabajan juntos. En lugar de enfrentarse al verdadero enemigo, se destruirán mutuamente o se culparán.

Ninguna de las dos cosas es productiva ni te lleva a la solución.

. . .

Los problemas del matrimonio requieren comunicación: Los problemas que se desarrollan dentro del matrimonio necesitarán una buena comunicación para resolverse.

Puede que no sea la solución inmediata, pero empieza a quitar las capas de problemas que ponen a una relación en una situación difícil. Tienen que decirse abierta y honestamente cómo se sienten y cómo creen que es la solución. Cuanto más se posponga la conversación, más se agudizarán los malos sentimientos y el dolor. Aunque no tengas ganas de hablar de inmediato, acude a la mesa de la paz en cuanto te parezca sensato hacerlo. El silencio y la desconexión sólo causan más dolor.

Intenta hablar sin ira: Por muy agraviado e irritado que te sientas, deja la ira a un lado el tiempo suficiente para hablar las cosas con calma. La ira sólo nubla el juicio y se interpone en el camino del progreso real. La ira suele ser una máscara para el dolor y debe ser sofocada mientras duren las conversaciones. Algunas cosas que hay que tener en cuenta al hablar para ayudar a minimizar la ira:

- Busca una solución en lugar de centrarse en la culpa.

- Mantén la voz baja y tranquila.
- Mantén todas las emociones fuera para minimizar la probabilidad de un estallido de ira.
- Pide las disculpas necesarias.
- Intenta ver las cosas desde otra perspectiva.
- Busca una solución en lugar de vengarse.
- Interrumpe temporalmente la conversación si no puedes frenar la ira.
- Sal a dar un paseo o a beber agua.

Concéntrate en todas las razones positivas por las que estás en un matrimonio para evitar que los sentimientos negativos hagan acto de presencia. ¡No te rindas!

No te vayas con problemas sin resolver: No cometas el error de abandonar la conversación cuando todavía hay problemas sin resolver. Es un movimiento del que te arrepentirás más adelante, cuando tengas la oportunidad de pensarlo más racionalmente. Sin la cantidad y los tipos de comunicación adecuados, cualquier problema puede parecer insuperable. Es aún más intimidante si ha habido una falta de buena comunicación durante un periodo de tiempo. Toma aire y mantén la calma ante la situación.

· · ·

Tomar decisiones precipitadas puede darte la resolución que sientes que necesitas en ese momento, pero puede costarte un matrimonio valioso al darte por vencido.

Busca soluciones como el compromiso: Dedica una buena cantidad de tiempo a buscar y discutir posibles soluciones a los problemas. No todas las situaciones se pueden manejar de la misma manera, pero hay algo que todas las soluciones tienen en común. Ha sido necesario un buen trabajo y diálogo para llegar al final. Si no hay más remedio, mira a ver si puedes llegar de alguna manera a un compromiso. La mejor manera de hacerlo es:

- Escribir una lista del problema o los problemas y ser muy detallista.
- ¿Cuáles son las consecuencias de no encontrar una solución?
- ¿Cuáles son los beneficios de llegar a una solución?
- ¿Cuáles son las formas en que cada parte puede ceder un poco para llegar a un terreno común?
- ¿Cuáles son los posibles obstáculos al compromiso?
- ¿Qué grado de compromiso tienes para llegar a una solución firme?

Haz todo lo posible por resolver los problemas lenta y honestamente. Involucra a un tercero imparcial si crees que puede ayudar.

13

Aprecia, acepta y valora a tu pareja; un proceso para el amor

Es fácil dejarse llevar por la rapidez de la vida y olvidarse de las cosas sencillas, como hacer saber a tu pareja lo mucho que aporta a tu vida. Los pequeños momentos en los que se muestra el aprecio básico son los que hacen que los momentos más difíciles sean más fáciles de digerir.

Nadie quiere seguir avanzando bajo un fuego intenso si siente que a su pareja no le importa realmente o ni siquiera se da cuenta de que está cerca. Es hora de empezar a hacer planes para empezar a mostrar más aprecio cada día.

El agradecimiento puede significar todo:

. . .

Los pequeños gestos que se hacen al final del día para mostrar a tu pareja que piensas en ella y que aprecias lo que hace pueden significar el mundo después de un largo día de trabajo, de la lucha por acostar a los niños y de intentar pasar un rato acurrucado antes de dormir. Decir un simple y honesto "gracias" con una sonrisa puede marcar una verdadera diferencia en su relación. Te ayuda a reponer fuerzas para afrontar otro día. Apretar la mano, mirar a los ojos con una sonrisa y decirles que les aprecias no te llevará casi nada de tiempo. Un abrazo rápido o un beso en la mejilla también pueden poner una gran sonrisa en su cara, sea hombre o mujer.

Admira todo lo que tu pareja hace por ti: Aparte de tu madre, ¿quién más saldría corriendo en pleno invierno a buscarte un medicamento para el resfriado? ¿Quién más pondría una manta sobre ti cuando estás tan agotado que te quedas dormido en el sofá? ¿Quién más acudiría al lugar donde se ha estropeado tu coche, trataría de arreglarlo, llamaría a un servicio de grúa y aun así te llevaría al trabajo a tiempo? La letanía de cosas que nuestra querida pareja hace como algo natural cada día debería dejarte asombrado de este casi superpoder.

Con demasiada frecuencia, las cosas que se hacen pasan desapercibidas o no se reconocen.

. . .

¿Alguna vez has sentido que tu presencia sólo se reconoce cuando has hecho algo malo? Tienen que alejarse de este hábito como pareja. Establece un peligroso precedente de dar por sentado al otro. Una vez que esto comienza, es un largo camino de vuelta a la estación. Empieza a fijarte en las pequeñas cosas que se hacen y en las que nunca habías pensado. La ropa limpia siempre está disponible en el vestidor. La casa siempre está razonablemente limpia. El jardín siempre está cortado y las plantas regadas. Los vehículos siempre tienen cambios de aceite y anticongelante cuando es necesario. Todas las cosas que no has hecho tú mismo las ha hecho tu pareja. Siente admiración por ello.

Acepta a tu pareja - su belleza y sus defectos: Has oído decir un millón de veces que nadie es perfecto. Ni en su aspecto ni en sus actos. A veces te levantas de la cama de mal humor y no quieres que te molesten. Otras veces el mundo parece estar hecho de oro macizo. Así como la belleza está en el ojo del que mira, también lo está la aceptación. Todo el mundo necesita sentirse aceptado por su pareja en sus días de mal pelo y cuando se viste para salir por la ciudad. El maquillaje y los trajes elegantes no deberían ser el atuendo de entrada para sentarse a comer en casa y mantener una conversación agradable. El hogar debería ser el único lugar en el que todo el mundo puede relajarse y soltarse la melena.

Tomarse la vida demasiado en serio puede hacer que se pierdan las mejores oportunidades que se tienen para demostrar a la pareja que se le quiere, incondicionalmente. Los defectos y las imperfecciones deberían ser lo que les hace querer más que las perfecciones. Debe ser el paquete completo lo que te resulte atractivo. Si no es así, tendrás que empezar a cuestionar tus propios motivos para estar en un matrimonio. Mantén cerca todas las razones por las que te enamoraste de tu pareja. Eso puede ayudarte a superar los momentos difíciles.

Da a tu pareja lo justo por su valor en tu vida: ¿Cuánto valoras a la pareja que tienes? ¿Te imaginas recorrer algunos de los duros caminos que tienes con cualquier otra persona? Solteros hay en todas partes, pero a ti te atrajo tu pareja por razones especiales. No son como los demás. Procura dar siempre crédito a quien lo merece. Si tu pareja encuentra la solución a una situación difícil, dale todo el derecho a hacerlo. Presume de lo increíble que es tu pareja ante tu familia, amigos, compañeros de trabajo o el cartero. Puede que tu pareja te diga que dejes de hacerlo, pero en el fondo le hace increíblemente feliz que se reconozcan sus acciones.

. . .

No hay que exagerar hasta el punto de sonar ñoño, pero sí hay que exagerar cuando está justificado. Puedes dejar a tu pareja flotando en una nube durante días.

Así será mucho más fácil que vuelva a hacer un esfuerzo adicional. Es otra parte del desarrollo de una amistad para toda la vida que es casi imposible de romper. Es uno de los secretos de los matrimonios que duran 50 y 60 años. Nadie se siente nunca despreciado o dado por sentado. Cada detalle ha sido observado, contabilizado mentalmente y apreciado.

Demuestra lo mucho que te importa a diario: No deberías esperar hasta después de las discusiones y en el proceso de reconciliación para demostrar a tu pareja que le quieres mucho. Encuentra una forma especial de demostrarle lo mucho que te importa cada día. El día siguiente nunca está prometido, así que puede ser la última oportunidad que tengas. Haz que cuente. Algunas formas de demostrar que te importa son:

- Prepara a tu pareja un desayuno especial.
- Lleva su coche a la gasolinera la noche anterior y llena el depósito para ahorrarle tiempo a la mañana siguiente.
- Deja una nota especial en el espejo del baño.

- Papás: deja que mamá duerma hasta tarde y levanta a los niños para que vayan al colegio.
- Lleva a tu pareja a almorzar o a comer.
- Pon un canal de música en la televisión y baila con tu pareja.

No dejes que pase un día sin encontrar una forma de demostrar lo mucho que valoras su amistad, su compañía, su trabajo y su amor.

Practica la empatía: A no ser que vivas bajo una roca, en algún momento vas a tener que enfrentarte a situaciones de gran carga emocional. Puede que te sientas incómodo, pero tu pareja necesitará todo tu apoyo en esos momentos. Puede que necesites el apoyo de tu pareja en un momento emocional. La primera parte del dominio de la empatía es averiguar qué es y por qué es tan importante.

¿Qué es la empatía emocional?: La empatía emocional o primitiva es nuestro deseo natural de responder al estado emocional elevado de otra persona. Es el impulso de llorar cuando alguien recibe una mala noticia y comienza a tener una fuerte reacción emocional. Las mujeres parecen estar más sintonizadas naturalmente que los hombres, pero éstos pueden desarrollar fácilmente una capacidad empática con la comprensión adecuada. Puede que al principio no te sientas del todo cómodo, pero es crucial sentir empatía por tu pareja y viceversa. Sin empatía, tu pareja puede sentir que no sientes nada por ella o por su situación.

¿Qué es la empatía cognitiva?: La empatía cognitiva es nuestra capacidad consciente para ordenar las emociones que estamos presenciando e intentar tomar la decisión correcta sobre las reacciones. Nuestro cerebro puede empezar a descifrar una situación más rápido de lo que crees. Puede que no sepas lo que ha pasado, pero escuchar a alguien lamentándose y llorando en una zona pública es una alerta de que algo terrible ha sucedido y la persona es incapaz de controlar sus emociones en ese instante. Tu empatía emocional entra en acción y, al menos mentalmente, gravitas hacia esa persona por compasión. Puede que nunca te acerques a la persona, pero todo tu sistema nervioso está en tensión y quiere responder.

¿Qué desencadena la empatía?: Cualquier explosión de emoción fuerte puede desencadenar la empatía para el que está presenciando la escena. La ira, la risa, la tristeza, el llanto físico, las lágrimas visibles y los sollozos pueden ayudar a desencadenar la respuesta de empatía emocional en los seres humanos. La ira y la tristeza son las dos emociones más fuertes que desencadenan las respuestas típicas. Una vez que se desencadena, te quedan las opciones de ignorarlo o entrar en acción. Aprender a utilizar correctamente la respuesta de empatía puede ser una habilidad útil en un matrimonio. Algunas cosas que pueden provocar la necesidad de una respuesta de empatía son:

- Una lesión dolorosa.
- La muerte de un ser querido.
- La muerte de una mascota.
- Pérdida de un trabajo.
- Discusiones.
- Cualquier acontecimiento devastador o impactante.

Cualquiera de ellos puede ocurrirle a tu pareja en cualquier momento y debes prepararte para afrontarlos con tranquilidad y confort. Puede ser lo que te haga estar más unido a tu pareja que nunca.

Cómo entender el estado emocional de tu pareja: La forma más fácil de entender el estado emocional de tu pareja es preguntar qué ha pasado y compararlo con los sentimientos que tendrías naturalmente si te hubiera pasado a ti. Es, literalmente, un momento en el que tienes que caminar mentalmente en sus zapatos brevemente.

Las lágrimas y el llanto te darán la pista de que se trata de algo triste o traumático por naturaleza. Las voces fuertes, los gritos o los chillidos podrían indicar que se trata de una discusión de algún tipo. La mayoría de las personas ofrecerán una presentación visual clara que es difícil de confundir con el estado emocional en el que se encuentran, especialmente con las emociones más fuertes.

Cómo responder mejor con empatía: Cuando tu pareja está visiblemente enfadada, tu mejor opción es tratar de convencerla de que se calme. Las discusiones con los miembros de la familia, los amigos, los vecinos o los completos desconocidos pueden ocurrir de un momento a otro. Cuando los ánimos se caldean es difícil conseguir que todo se calme. Puedes decir cosas como "entiendo por qué te sientes así, pero deberías calmarte".

Unas cuantas insinuaciones con una mirada de preocupación deberían bastar en pocos minutos, a no ser que la persona con la que estaban discutiendo siga presente. Intenta alejarlos de la vista.

. . .

Un mal suceso inesperado que tenga a tu pareja llorando puede ser difícil de ver. La mayoría de los adultos no lloran a menos que se trate de un acontecimiento completamente devastador como una muerte o una pérdida grave de algún tipo. Abrazarlos y asegurarles que todo va a estar bien es una forma de estar ahí y mostrar empatía.

Cómo la compasión y la empatía te convierten en un mejor compañero de vida: Se sabe que la vida arroja una o dos bolas curvas y que sucederán cosas dolorosas o agravantes. Por mucho que te guste proteger a tu pareja de todo lo malo de la vida, es un ejercicio inútil.

Los miembros de la familia y las mascotas envejecen y fallecen. Las enfermedades graves y los accidentes ocurren todos los días. Las broncas en la carretera y los vecinos enfadados son una visión casi diaria en las noticias nocturnas. Puedes hacer lo siguiente mejor y estar preparado para ofrecer un sistema de apoyo empático para este tipo de escenarios. Tu pareja siempre recordará y agradecerá tu ayuda en los momentos difíciles.

Cómo lidiar con momentos emocionales fuertes: A nadie le gusta la idea de tener que lidiar con situaciones emocionales pesadas, especialmente cuando se trata de su pareja. Son momentos como éste los que requieren compasión, comprensión y envolverlos en amor y luz para empezar a sentirse mejor. No pases mucho tiempo hablando. Permite que tu pareja hable cuando esté preparada. Si está enfadado por una discusión, deja que se calme poco a poco y que se enfade. Permítete el lujo de tener a alguien con quien hablar, en quien confiar y que sabes que entiende la situación. El dolor pasará con el tiempo, pero tu pareja recordará que tú estuviste allí cuando más necesitaba el apoyo.

Cómo comunicar que comprendes con sinceridad: Haber establecido vínculos con tu pareja te ayudará a demostrar tu sinceridad. Puede ser difícil para alguien que no te conoce, pero tu pareja no debe tener dudas.

Permitir que tu pareja tenga la oportunidad de llorar o desahogarse cuando lo necesite y buscar tu consuelo, consolación y aportación a su propio ritmo ayuda. No hay que decir "lo siento" para recuperar a un ser querido, y a veces es mejor permanecer en silencio. Tus caricias y abrazos tranquilizadores ayudarán más a que se sientan apoyados que cualquier cosa que puedas decir en ese momento.

Hacer frente a las defensas: Una verdad desagradable sobre la mayoría de las personas es que no les gusta escuchar las críticas, incluso si son bien merecidas. Puede hacer que se levanten los pelos de punta y te pongas a la defensiva. Encontrar formas de comunicación que eviten esta tendencia un tanto natural es una buena idea si quieres que tu matrimonio sea fluido. Importa la forma de hacer las críticas y el nivel en el que te apetece insistir en un tema. Nadie quiere que le den lecciones una y otra vez sobre nada.

¿Por qué la gente se pone a la defensiva?: Oír que has hecho algo mal, que has dicho algo incorrecto, que has puesto algo en el lugar equivocado o que no has hecho un trabajo lo suficientemente bueno puede afectar al nivel de orgullo personal. Es posible que sientas que todo está bien y escuchar una crítica fuerte puede poner tus defensas en alto, incluso si es tu pareja quien lo dice.

Es en momentos como éste cuando hay que parar y respirar hondo. Tomarse una pequeña crítica como algo personal no va a ser beneficioso en absoluto para tu día ni te va a ayudar a terminar todo antes de la hora de dormir.

El cerebro parece querer dirigirse naturalmente al modo de protección si se dice algo negativo sobre cualquier cosa que hayas hecho o dicho. Claro, es improductivo, pero ocurre casi en un abrir y cerrar de ojos. Puede ser difícil evitar que una declaración defensiva cruce tus labios. En esos momentos tienes que hacerte una pregunta. "¿Es una valoración justa?" Un examen más detallado de algo o una reflexión sobre tus palabras puede resultar interesante. Puede ser que la crítica sea merecida. Esto no excusa a tu pareja de hacerla de forma grosera si ese es el caso, pero puede ayudarte a bajar tus defensas hasta un nivel tolerable.

¿Qué desencadena la necesidad de sentirse a la defensiva?: A todo el mundo le gusta pensar que hace un gran trabajo en todas las cosas, al menos la mayor parte del tiempo. No es la verdad, pero es lo que tu mente te devuelve si alguien se atreve a criticar tu trabajo, tus acciones o tu discurso. Algunas personas son más sensibles a las críticas que otras.

Sentirse apurado, abrumado o cansado también puede contribuir a que te sientas impulsado a ponerte a la defensiva. No es tan fácil mantener el control emocional cuando entran en juego varios de estos factores. Estar de mal humor también puede contribuir a la discusión que puede surgir después de que tu pareja te reprenda por cualquier motivo.

. . .

Las parejas extrovertidas son más propensas a dar una respuesta picante a las críticas. Quien esté ocupado tratando de hacer muchas cosas en poco tiempo también puede sentirse provocado. El nivel de respuesta de cada persona es diferente y varía mucho según las circunstancias y el temperamento. Una garantía es que el compañero desencadenante tendrá las manos llenas si es el día adecuado y lo que hay que decir. Rara vez conduce a discusiones serias, pero puede causar sentimientos heridos y resentimientos, aunque sean temporales.

Cómo minimizar las posturas defensivas en ti mismo y en tu pareja: Una de las mejores maneras de vencer la prisa por adoptar una postura defensiva en ti mismo es abordar las críticas con un poco de humor. Si tu pareja te da un plato que has lavado y todavía tiene una migaja de comida, ponlo en el fregadero y di "Vaya, lo estaba guardando para merendar más tarde".

También es una buena idea pararse a pensar en la crítica y en cómo se relaciona con el alcance de todo en el universo. Es probable que el sol siga saliendo a la mañana siguiente, aunque no hayas sacado todas las arrugas de la camisa que planchaste.

. . .

Una forma segura de evitar que tu pareja se sienta a la defensiva cuando le haces una pequeña crítica es empezar con un cumplido. Establece mejor el tono al poner lo positivo en primer plano. Un ejemplo sería la necesidad de señalar que una parte de la puerta del patio tiene rayas después de que tu pareja limpie la superficie de cristal. He aquí cómo puedes abordar la situación de forma positiva:

"¡Vaya! Hacía tiempo que no podía ver tan bien la puerta.

¡Has hecho un trabajo estupendo! Hay una racha por aquí. Sigue siendo mucho mejor que la última vez que yo lo hice".

La toma positiva de toda la situación tiende a difuminar cualquier enfado o sentimiento de dolor. El cerebro es más reactivo a los elogios.

Crítica y vulnerabilidad: Una cosa que hay que recordar en el matrimonio es que tú y tu pareja serán abiertos el uno con el otro, lo que les deja algo vulnerables. Puede ser un factor que contribuye en gran medida a sentirse herido por las críticas. Sientes que tu pareja siempre estará a tu lado, por muy terrible que sea el trabajo de aspiración. Cuando la realidad es que te ven por todos tus aspectos positivos. Y por tus defectos, puede escocer. ¿Las críticas giran en torno a algo que les molesta? Las manchas de agua en los vasos son todo lo que se necesita a veces. Escoge tus batallas sabiamente y elige seguir adelante.

El esfuerzo que se necesita para elegir no vivir en un estado de ofensa es a menudo mayor cuando te falta el sueño y estás presionando demasiado tu día. Detente y considera esta posibilidad antes de entrar en discusiones sobre las críticas y los comentarios críticos. Puede que no parezca gran cosa cuando se mira bajo el escrutinio de una mente bien descansada.

El control de la ira: Controlar la ira es una de las tareas más esenciales si tu o tu pareja tienen problemas para controlar esta emoción. La ira descontrolada puede hacer más daño a tus relaciones en poco tiempo que casi cualquier otra cosa.

Puede conducir a actos de violencia, desconfianza y posibles arrestos. Aunque la ira es una emoción natural, la falta de control con la ira es donde muchas personas terminan en el lado profundo de la piscina proverbial.

Ser rápido con la ira: Aceptémoslo, algunas personas son rápidas con la ira sin importar la circunstancia. ¿Eres tú o tu pareja una de estas personas? La ira descontrolada puede llevar a tomar decisiones impulsivas y no constructivas cuando se trata de discusiones. Es una razón importante por la que se ven neumáticos rajados, ventanas rotas y casas incendiadas. Afortunadamente, la mayoría de los casos no llegan a este nivel extremo de ira, pero aun así puede causar un daño incalculable a tu matrimonio.

Puede alejar a un buen compañero que se cansa de lidiar con la montaña rusa emocional de una persona enfadada.

Lo mejor que puede esperar una pareja enfadada es tener un matrimonio establecido con alguien que sea lento con la ira. Esto ayuda a proporcionar el equilibrio necesario para que el matrimonio tenga una oportunidad de sobrevivir. Incluso la persona más calmada no puede soportar una diatriba de ira fuera de control cada noche.

. . .

El ciclo de la ira, la acción airada y la calma, sólo para que vuelva a repetirse una y otra vez, agotará a la más paciente de las parejas.

Establece reglas para no herir a la pareja o arrojar cosas: Nunca es aceptable permitir que el enfado te convenza de que coger y tirar objetos o hacer daño a tu pareja está bien. Debes establecer reglas básicas para que sea inaceptable hacer daño a tu pareja. Nunca debes temer por tu seguridad porque tu pareja no esté dispuesta a establecer límites. La ira es como cualquier otra emoción. Se apoderará de ti si no estás dispuesto a controlarla. Puedes sentarte y tratar de relajarte o permitir que crezca y empeore. No reconocer tu capacidad de controlar las emociones es lo que facilita que el problema vuelva a surgir.

Separarse en diferentes áreas si las cosas se calientan: Espera la campana y vete a tu esquina separada como hacen los boxeadores en el ring, especialmente si sientes que la ira no desaparece. La mayoría de los ataques de lo que se considera "ira irracional" se desvanecen después de los primeros minutos de un encuentro con ira. Cualquier cosa más larga que esto requiere que el individuo la mantenga avivada en la mente. Vete a otra zona de la casa o da un paseo si tú o tu pareja no son capaces de bajar los niveles de ira.

Deja a tu pareja sola si sabes que está luchando con problemas de ira y se ha alejado para calmarse.

Nunca lances insultos, ni maldigas, ni pongas motes: Desarrollar el mal hábito de maldecir a tu pareja o lanzar insultos desagradables no es algo de lo que debas estar orgulloso. Es un pequeño paseo por el carril del sentido común para darse cuenta de que en algún momento tu pareja se irá definitivamente o se producirá un viaje a la cárcel. La pareja más tranquila puede sentir un poco de pena por tu falta de autocontrol, pero no soportará continuamente la naturaleza irrespetuosa del abuso verbal. Tienes que cultivar el suficiente autocontrol como para trazar una línea en la arena que te permita tener suficiente margen de maniobra para quejarte de las cosas sin caer en el precipicio de la ira.

Cómo tratar con una pareja enfadada: Lo primero que hay que reconocer en una pareja enfadada es que tú no eres responsable de su incapacidad para mantener la ira bajo control. Puede que escuches de ellos que todo es culpa tuya, pero ¿lo es realmente? Es posible que algo que hayas hecho o dicho les haya hecho enfadarse, pero no puedes cargar con la culpa de su incapacidad para mantener la ira a un nivel razonable.

Aquí tienes algunos consejos que debes tener en cuenta cuando trates con una pareja enfadada:

- Retírate de la situación si el enfado se ha descontrolado y no se quiere ir.
- Interrumpe la discusión si se han lanzado objetos o te están gritando.
- Vuelve a discutir después de una buena noche de sueño.
- Hazle saber a tu pareja que la amas pero que no tolerarás niveles inaceptables de ira.
- Reza para que tu pareja se libere de los sentimientos de ira.

Cómo evitar ser una pareja enfadada: Los estudios realizados por todos los centros de psicología conocidos han llegado a los mismos resultados cuando se trata de niveles de ira incontrolados y matrimonios. La pareja sometida a la ira siempre queda profundamente impactada. Puede ser traumatizante sin que se le ponga un dedo encima en el enfado. El daño mental y emocional es suficiente. Busca ayuda profesional para tu ira si crees que no la manejas lo suficientemente bien por ti mismo. Sigue algunos consejos básicos para mantenerte a ti y a tu pareja a salvo:

- Debes saber cuándo la ira ya no es productiva, sino hiriente.
- No utilices la ira como forma de buscar venganza.
- Mantén las manos en los bolsillos si temes perder el control.
- Determina no cruzar nunca la línea para dañar a tu pareja.
- Si eres incapaz de pensar con claridad con la ira, no es el momento de hablar.

Aprende a disculparte de manera consciente: Sentirse herido por la pareja por cualquier motivo puede curarse rápidamente con una disculpa profunda y sincera. ¿Por qué parece demasiado difícil para algunos dar este pequeño paso que significaría el mundo para su pareja?

Muchos parecen dar por sentado que tú entiendes que lo siente si sigue en la relación matrimonial. Por desgracia, no es así. La pareja continuará como si el incidente nunca hubiera ocurrido. Esto acabará erosionando la fe que la persona tiene en el matrimonio.

· · ·

El poder de disculparse: El verdadero poder existe para aquellos que dan los pasos para disculparse por las malas acciones o por cualquier número de infracciones de su pareja. Asumir la responsabilidad de su mal comportamiento o de la toma de decisiones es la única manera de experimentar la verdadera libertad del lado más siniestro de la vida.

Dejarse llevar por el calor del momento de una discusión puede llevar a que se digan palabras duras que nunca fueron intencionadas. Una vez que se han dicho las palabras, no se pueden dejar de decir. Dejar ese tipo de dolor sin tratar no sólo está mal, sino que simplemente no está bien. Se mantiene firme en la mente de tu pareja.

Tienes que dar el paso de rectificar la situación mediante una disculpa. Incluso la pareja más relajada empezará a dudar de tu sinceridad cuando no puedas ni siquiera reunir la energía para decir que lo sientes. Tus palabras tendrán cada vez menos valor con el tiempo. Esto tiene un efecto directo de enfriamiento en cualquier relación, sin importar lo jóvenes o viejos que sean los participantes.

La incapacidad de asumir el problema es otro síntoma que mantiene a tu pareja atrapada en un vacío que no reconoce el coste del daño que hace. No estar dispuesto a echar un vistazo a tus propias faltas te asegura que volverás a recorrer el mismo camino.

Cuando nunca escuchas las palabras "lo siento": Todas las parejas tienen sus momentos de desacuerdo y discusión.

Es la naturaleza de ser dos personas diferentes que no siempre van a estar de acuerdo. Salirse de los límites en los hechos y en las palabras no es inusual en este tipo de escenarios, pero ¿qué pasa cuando la batalla termina?

Nunca hay verdaderos ganadores, pero se podría pensar que al menos habría algún tipo de disculpa. A veces, esto es exactamente lo que ocurre. Se pide una disculpa y todo sigue su curso normal.

La falta de una disculpa formal no te da el cierre necesario para saber que estás de nuevo en la misma página.

Es necesaria para asegurar a tu pareja que sigues en el mismo equipo. Puede que no sea responsable de poner fin a los matrimonios, pero puede empezar a erosionar rápidamente la confianza entre la pareja. Hace que la persona que amas tenga que adivinar si te arrepientes de lo que hiciste y dijiste o no. Muchos asumirán que su pareja lo siente, pero ¿no sería mejor eliminar cualquier duda de su mente? Cinco segundos pueden ahorrar el daño de ignorar los costes.

Sanar el daño a través de la disculpa:

Un paso en el programa de recuperación de 12 pasos para el alcoholismo es pedir disculpas a todas las personas en tu vida que fueron lastimadas por tus comportamientos cuando estaban bajo la influencia. ¿Por qué es este un paso crítico en el proceso de recuperación?

Porque funciona. Puede hacer que vuelvan a la vida viejos sistemas de apoyo que hace tiempo estaban desconectados. El extraordinario poder curativo de escuchar a alguien que te dice que siente de verdad haberte hecho daño es innegable. Hacer daño a un ser querido, incluso sin querer, puede tener consecuencias a largo plazo.

Aunque las palabras "lo siento" no tienen ningún poder físico, la capacidad de transformar completamente una situación les da una importancia añadida.

. . .

Sentirse realmente arrepentido: Un cierto porcentaje de personas que nunca se disculpan con sus parejas sienten que no tienen nada por lo que disculparse. Existe una corriente de pensamiento que afirma que, por muy hirientes y dañinas que la otra persona considere sus palabras, es mucho mejor que haya dicho lo que ha dicho. Es una forma de gestionar la vida sin pedir disculpas que puede destruir las relaciones de un plumazo.

Otros ni siquiera son conscientes de que te han herido de forma tangible, por lo que no se ha montado ninguna disculpa. La conciencia y la percepción no siempre son iguales en los matrimonios.

Curando el dolor y recuperando la confianza: La mayoría de las disculpas en las parejas se producen después de que uno de los dos haya hecho o dicho cosas que resultan hirientes. Por lo general, es una ofensa repetida la que atrae la ira necesaria para conseguir una disculpa. La disculpa es una parte importante del proceso de curación del dolor causado por la acción o las palabras ofensivas.

. . .

Permite a la pareja saber que puede estar segura y que es posible reconstruir la confianza. Proporciona una forma de empezar de nuevo con un borrón y cuenta nueva. Es la solución perfecta para quienes tienen problemas de ira. Durante los ataques de ira incontrolada se pueden decir muchas cosas malas que tienen el poder de penetrar en el corazón y causar heridas profundas.

La purga sistemática de la mente y el alma de las palabras y acciones hirientes, mezclada con una generosa cuota de disculpas sinceras, pueden ser los ingredientes curativos exactos que se necesitan para volver a sentirse completo.

Nunca debes evitar pedir disculpas a tu pareja si has hecho o dicho algo hiriente. Es mejor ser cuidadoso que descuidado, especialmente cuando se trata de los corazones de los que amas. No se puede esperar que nadie actúe y piense perfectamente, pero no hay excusa para no arreglar las cosas cuando se da la oportunidad.

Aprende a perdonar de manera consciente: Sentir que has perdonado a alguien no es lo mismo que saber que has perdonado. ¿Cuál es la diferencia? Saber que has perdonado lo mantiene en el nivel consciente. Dejarlo en el nivel de los "sentimientos" lo sitúa en un segundo plano y puede dar lugar a verdaderos problemas en el futuro. El perdón es un proceso necesario para mantener un matrimonio sano y los conflictos al mínimo. Aprender a perdonar conscientemente a tu pareja puede enriquecer completamente su vida en común. Los beneficios se extienden mucho más allá del momento inmediato.

¿Qué es el perdón?: Perdonar a alguien es una forma de dejar ir cualquier daño hecho contra ti por un individuo y encontrar un punto para limpiar la pizarra y seguir adelante. Es importante que domines esto cuando llegue el momento de ser pareja. No es imposible imaginar las ofensas y heridas que pueden cometer el uno contra el otro durante el primer año, y mucho menos durante toda la vida.

Son dos individuos que se juntan desde mundos diferentes y pueden infligir dolor sin querer. Puede ser un hecho frecuente hasta que se adquiere conocimiento sobre lo que cada persona considera hiriente y no.

El debate siempre es intenso sobre si alguien debe perdonar a otra persona. Es posible que la persona a la que se perdona no "merezca" ser perdonada. El perdón no es una acción que se realiza para beneficiar a la persona a la que se ha herido. Te beneficia a ti que has experimentado el dolor. Te da la capacidad de reconocer que estás dejando ir el dolor y te da permiso para pasar a un nuevo día. No puedes esperar que los demás te ofrezcan el perdón si mantienes una política de línea dura de no perdonar nunca a nadie más. Esto no da a la otra persona permiso para hacerte más daño. Simplemente actúa como una especie de reinicio.

Escoger intencionalmente el perdón: Una vez que hayas establecido la importancia del perdón para tu salud emocional y tu curación, se hace evidente lo crucial que es perdonar regularmente a tu pareja. Es tu mejor esperanza de ser perdonado en los momentos en que flaqueas y haces o dices cosas que son hirientes. Siempre esperas que tu pareja no haga nada para herir intencionadamente, pero los humanos somos imperfectos.

Tener un enfoque y un plan proactivos es la mejor manera de protegerse del dolor que conllevan las situaciones inesperadas. El perdón es una opción que sólo depende de tu voluntad de participar.

El acto intencionado de perdonar es una forma de dejar de lado el estrés y la ansiedad que conllevan los problemas del matrimonio que no están necesariamente bajo tu control. Si tu pareja te engaña, no se puede deshacer. Las opciones son permanecer en un lugar de ira y resentimiento o perdonar y seguir adelante. Tanto si el matrimonio sobrevive como si no, el perdón es necesario para tu propia tranquilidad. Ser capaz de salir de la amargura, la ira, el dolor y los sentimientos de traición promueve una verdadera curación. Es una de las cosas más amables que puedes hacer por ti mismo. No tiene por qué tratarse de algo tan dramático como la infidelidad. El perdón por las cosas más pequeñas es igual de refrescante para el alma.

Deja los asuntos previamente perdonados fuera de las nuevas discusiones: Si perdonas a tu pareja por algo, deja que sea un hecho. No es justo volver meses después o incluso un año más tarde y sacar todos los viejos esqueletos de ratas del armario. Si el problema tiene un tema recurrente, es bueno utilizarlo para tomar conciencia de sí mismo.

Sólo se puede justificar sacar el caso en ese momento. Utilizar acontecimientos y situaciones antiguas y pasadas es una técnica de lucha injusta que resulta destructiva para la mayoría de los matrimonios.

Otra táctica injusta es hacer que la pareja se quede en un lugar donde siempre se siente culpable. El perdón es la libertad para que ambos salgan de un mal lugar de una manera saludable. Las personas rara vez necesitan que se les recuerden las cosas que han hecho y que no fueron buenas decisiones. La mayoría de las personas se golpean a sí mismas por cosas muy malas. Tu constante recordatorio sólo demuestra que no has perdonado de verdad. En cambio, has permitido que la amargura eche raíces.

Necesitas revisar tus sentimientos sobre la situación y averiguar por qué estás atascado en ese lugar. Hasta que puedas reconciliarte y perdonar de verdad, seguirás en ese lugar de amargura.

El perdón y el progreso: El perdón es algo que permite a todos en un matrimonio permanecer en un movimiento positivo hacia adelante, independientemente de la forma incorrecta en que se manejan las cosas a veces. Puedes saber cuándo tu pareja se siente mal por algo que dijo o hizo.

Sólo tiene sentido perdonar por completo y borrarlo.

La mejor manera de reducir los conflictos en una relación es encontrar todas las formas posibles para no seguir ofendidos por nada. Esto afecta a tu salud mental, física y espiritual. El perdón es la cura perfecta para una ofensa.

. . .

Encaja perfectamente con el hecho de tratar a los demás como quieres que te traten.

Los errores que se cometen en los matrimonios proporcionan excelentes oportunidades de aprendizaje y crecimiento, tanto como pareja como a nivel individual. Lleva tiempo aprender a interactuar con el otro de la forma que se prefiere, y puede significar hacer algo mal de vez en cuando. Establecer una base de perdón y permitir a tu pareja saber que uno o dos errores no van a arruinar el trato es esencial para la supervivencia a largo plazo. La conclusión es que no puedes esperar la perfección de nadie. Tendrás que seguir buscando si quieres una pareja que lo haga todo bien, siempre.

Aceptando la crítica: Las críticas de parte de tu pareja no siempre son malas. En medio de ellas, puedes encontrar una nueva y mejor manera de hacer algo.

No todas las críticas son positivas, ni tienen porqué serlo. Como seres humanos falibles, las críticas pueden ser utilizadas en tu contra cuando tu pareja se siente menospreciada por algo. Es importante analizar cuál es la crítica y ver si hay una forma de que sea útil e instructiva.

· · ·

Por qué duele la crítica: Algunas personas agradecen las críticas sobre las cosas que hacen y dicen como forma de medir su eficacia y motivación para cambiar o mejorar. Recibir críticas de las personas más cercanas puede producir un resultado diferente al de un empleador. Es fácil tomárselo como algo personal y el sentimiento de rechazo entra en escena. Puede tratarse de un problema en la forma de entregar la información. Una cosa es hacer una crítica de construcción a tu pareja, pero hacerlo de forma burlona y con sorna puede acarrear problemas en la relación. Todo el mundo quiere sentirse valorado por su pareja y no ser objeto de burlas.

Uno siempre quiere sentir que las cosas que hace o dice serán bien recibidas por su pareja, pero cada persona viene de un entorno diferente. Los puntos de vista, las tareas y los métodos de comunicación pueden variar y provocar críticas si su pareja simplemente no está de acuerdo. Esto puede provocar fácilmente sentimientos heridos y malentendidos. La mejor manera de tratar de manejar estos momentos es ser flexible.

Es posible que la crítica esté justificada, aunque la entrega haya sido un poco brusca. La paciencia y la comprensión son cosas importantes cuando se trata de relaciones matrimoniales.

· · ·

Establecer límites a las críticas personales: Las críticas personales pueden ser algo que socava la relación matrimonial y establece una forma de ejercer control sobre la pareja. Esto no significa que todas las críticas personales sean malas. Hay que tener cuidado de no cruzar la línea de ser controlador o de utilizarla como una forma de menospreciar a tu pareja cuando estás enfadado.

Puedes establecer los límites que necesites cuando se trate de críticas personales o que no estén diseñadas para impartir información útil. Comunica tu desprecio por que te digan cosas que no son útiles para ti o para el hogar.

Un ejemplo de esto que ocurre con frecuencia es el relativo al peso. Decirle a tu pareja que ya no es atractiva debido al aumento de peso y dejarlo así es una crítica personal que no está diseñada para ayudar de ninguna manera. Por qué no mejor sugerir que hagan una rutina de ejercicios juntos o que prueben un nuevo menú más saludable juntos. Asegúrate de que tu crítica tiene motivos y aporta aspectos positivos o incluye sugerencias útiles.

Rechaza la crítica armada: La crítica armada es algo que ocurre cuando el matrimonio se encuentra en un terreno rocoso. La crítica puede convertirse en una extensión natural de lo que parecen ser discusiones incesantes y puede llegar a ser extremadamente hiriente. Se convierte en una forma fácil de mantener vivas las discusiones, pero puede hacer más daño que la propia discusión. La crítica armada a menudo golpea por debajo del cinturón y se vuelve de naturaleza degradante. Si esto empieza a ocurrir en tu casa, detente y da un paso atrás. Haz una tregua y empieza a intentar establecer una conversación normal.

Superar las diferencias y llegar a un acuerdo: Habrá que introducir algunos cambios si las críticas hirientes son un tema común en tu matrimonio. Hay que encontrar la manera de salvar las diferencias que están causando el conflicto crítico. También habrá que ser menos rígido y restrictivo en su forma de pensar. El miembro de la relación matrimonial que está siendo más controlador tendrá que aceptar ceder parte del control. Si esto no ocurre, el panorama futuro es bastante sombrío. El hecho de que tu pareja haga una tarea a su manera, que es muy diferente a la tuya, no la convierte automáticamente en incorrecta.

Bájate de la tribuna y date cuenta de que cada tarea tiene cientos de formas de realizarse.

El compromiso puede ser una herramienta necesaria para llegar a un punto más armonioso. Puede ser difícil dejarse llevar y dejar que tu pareja haga algunas de las cosas de la casa si las hace de forma completamente diferente a tu fiel "sistema". Mientras el trabajo se haga a niveles satisfactorios, ¿realmente importa? Podrías estar enzarzándote en batallas que te hacen perder tiempo, te confunden y te hacen herir todo tipo de sentimientos.

Algunas batallas no merecen la pena. Tendrás que aceptar ceder un poco de control, pero el otro compañero puede comprometerse y cambiar a un método que no te vuelva completamente loco.

Aprender de las críticas: Se pueden obtener cosas buenas y útiles de la entrega y aceptación correcta de las críticas.

Puede comunicar información que facilite las cosas, te haga ganar más respeto en el trabajo o te enseñe información que no conocías. Es un beneficio estar en una relación que fomenta el crecimiento y el compañerismo saludable. Deja todas las bromas tóxicas para aquellos que no respetan el valor de tener una pareja que se preocupa y está interesada en ser un equipo de trabajo sin fisuras. Es esencial que tu pareja sienta que estás ahí para ella y que no estás siendo duro y excesivamente crítico.

Puedes mejorar tu forma de criticar si:

- Empezar con cumplidos y aportaciones positivas.
- Intenta hacer comentarios críticos de forma no personal.
- Añade sugerencias útiles para terminar con una entrega más atractiva.

Cómo aceptar las críticas sin sentirse atacado personalmente:

- Encuentra una forma de reírse de la situación.
- Considera si la crítica tiene una base de verdad.
- Prueba las sugerencias ofrecidas o encuentra una solución que tenga sentido.
- No lo asimiles como un golpe personal.
- Utilízala como un esquema para el compromiso.
- Puede dar lugar a grandes cosas y a una completa paz en el hogar.

Confía en tu pareja: La comunicación efectiva es una forma de aumentar la confianza en tu relación matrimonial. Cuanto más hables de tus inseguridades, mejor podrá tu pareja abordar los aspectos que te preocupan.

. . .

El mundo de las relaciones matrimoniales está plagado de historias de terror de situaciones que hacen que te preguntes si es posible encontrar una pareja verdaderamente comprometida. Se puede tener un matrimonio satisfactorio que sea completamente abierto y mantenga unos límites saludables. Está bien mantener la privacidad en algunas cosas, pero como pareja, es mejor ser abierto y compartir para aliviar los temores. Puede ser difícil para alguien que ha lidiado con problemas de engaño en el pasado.

La era de la tecnología y los problemas de confianza: Cada vez más, la gente tiene la cara enterrada en sus dispositivos tecnológicos y disfruta de membresías en todo tipo de plataformas de medios sociales. El mundo parece estar más conectado que nunca. Romper los límites de la decencia y respetar las líneas se difumina desde detrás del teclado de un ordenador o de la pantalla de un smartphone. La combinación adecuada de ingredientes puede facilitar a ambos miembros de la relación matrimonial la navegación por la tecnología y hacer que todos se sientan seguros de que no va a pasar nada malo.

Comunicar abiertamente las preocupaciones e inquietudes: Es imposible que tu pareja te ayude a tranquilizarte y a reducir tus preocupaciones y dudas sobre la confianza si no las comunicas bien.

Ser abierto sobre cómo te sientes en todos los ámbitos de la relación matrimonial es una forma de seguir creciendo juntos y de personalizar los comportamientos para que se adapten a tus necesidades particulares.

Algunas personas necesitan tener esa llamada cada tarde cuando llega la hora de la comida. Sin ella, empiezan a sentirse incómodos. Otros están perfectamente bien sin saber de ti en todo el día. Discutan todos los detalles específicos sobre el mantenimiento del contacto y busquen la manera de mostrarse mutuamente que no tienen intención de alejarse del matrimonio.

Sé honesto: Siempre debes ser honesto con tu pareja sobre cualquier inseguridad y preocupación que tengas sobre la confianza. Es una de las razones por las que deberías dedicar una buena cantidad de tiempo a conocer a tu pareja y su historia. Puede dar pistas valiosas sobre situaciones que podrían provocar dificultades de confianza. Las relaciones anteriores difíciles, los problemas de abandono en la infancia, el abuso de menores, la violación, etc., pueden indicar que es mejor tener mucho cuidado para asegurarse de que se sienten cómodos con el nivel de contacto que tienen cuando tú estás lejos.

Compartir las contraseñas de las cuentas: Deberían hablar sobre si compartir las contraseñas de sus cuentas online ayudaría a aliviar el miedo a que hagan cosas que puedan poner en peligro la relación matrimonial sin que ellos sean conscientes. No es una solución que funcione para todos. Algunas personas valoran su privacidad y no quieren que nadie más acceda a sus correos electrónicos y a su cuenta bancaria. Tienes que aceptar su decisión y ser sincero contigo mismo. ¿Qué opinas de dar tus contraseñas a tu pareja? ¿Es ir demasiado lejos? Algunos creen que hay que dar una confianza ciega a menos que den razones para empezar a sospechar.

Envía y recibe mensajes de texto abiertamente: El envío y la recepción de mensajes de texto puede ser una fuente de gran angustia para tu pareja si siente que estás siendo reservado al respecto o los descarta cuando se pregunta con quién estás hablando. Se lo más abierto posible con los mensajes de texto. Si tienes un cliente que te manda mensajes de texto para averiguar información o es tu amigo de la universidad, díselo a tu pareja para tranquilizarla. Envía mensajes de texto a tu pareja desde la otra habitación de vez en cuando con algo divertido o entrañable. Le hará sonreír saber que estás pensando en él o ella, aunque esté a unos metros de distancia.

Mantén el coqueteo restringido a la relación: Guarda todo tu talento y energía coqueta para tu pareja. Manténgalo en el matrimonio para que sus niveles de confianza suban al máximo. Demasiadas personas creen que coquetear fuera de su relación matrimonial es inofensivo, pero tiene un efecto escalofriante en casa. Puede dar lugar a discusiones si tu pareja es algo insegura por heridas pasadas. No es justo ni correcto que le hagas pasar por este tipo de estrés si ya sabes que es vulnerable. Puedes utilizar el coqueteo como una forma de mantener tu relación matrimonial emocionante y fuerte. ¡Un poco de coqueteo en casa nunca está de más!

Socializar juntos: Salgan con amigos y pásenla bien juntos. Ambos deben dedicar tiempo a la transición de los amigos a conocer a tu pareja y entender que es un paquete de salidas. Lleva a tu pareja a los picnics y cenas de empresa, a las fiestas de fin de año y a tomar un café rápido por la mañana. La mayoría de los problemas de confianza tienden a desaparecer si se familiariza y conoce a todos sus amigos. Tú también querrás conocer a todos sus amigos. La mente no gastará tiempo creando escenarios que no están sucediendo si te llaman para ayudar a tus amigos.

No asuma que todas las parejas engañan:

Sentirse un poco hastiado por las relaciones anteriores que se han agriado y por haber sido engañado es normal durante un tiempo, pero en algún momento, tienes que seguir adelante y darte cuenta de que tu nueva relación no es la anterior. El engaño de la pareja no es un resultado inevitable de las relaciones ni de los matrimonios. Es una mala elección hecha por ciertas personas en las condiciones adecuadas. Tienes una posibilidad realista de construir una relación matrimonial que haga imposible que la otra pareja quiera siquiera considerar el engaño.

Asumir constantemente que te van a engañar puede alejar a tu pareja.

14

Revivan su vida sexual

Mantener una vida sexual feliz, sana y con sabor a vida hace que la experiencia sea más satisfactoria. Por muy ajetreada que sea la vida, dedicar tiempo a salvaguardar y mejorar los momentos íntimos es fundamental para la felicidad a largo plazo. Si has caído en la rutina como pareja, este capítulo podría ayudarte a encontrar la manera de reavivar la llama. Nuestras conexiones más profundas en esta tierra se dan a través de la intimidad compartida mediante las relaciones sexuales. Es una parte importante de cualquier relación matrimonial de por vida y hay que prestarle bastante atención.

Come sano y haz ejercicio: Por muy alejado que parezca de la intimidad, tomar las vitaminas, los minerales y el ejercicio adecuados puede marcar una gran diferencia en cómo te sientes y en el rendimiento de tu cuerpo.

Estar demasiado cansado para tener relaciones sexuales no siempre es una cuestión de no haber dormido lo suficiente. Puede deberse a una falta de nutrición básica y a un metabolismo lento. Levántate, actívate y empieza a hacer cambios dietéticos saludables y verás rápidamente la diferencia. Hacer una dieta saludable o un entrenamiento juntos puede ser algo sexy para ambos. Pruébalo y verás cómo se acelera tu vida amorosa.

Mantener la intimidad fuera del dormitorio: Deberían dedicar tiempo cada día a tener algún nivel de contacto íntimo. Puede ser en forma de tomarse de la mano, abrazarse, besarse o sentarse uno al lado del otro. El contacto visual directo, las sonrisas y las conversaciones tontas pueden ayudar a mantener viva esa llama especial.

Prueba a ducharse o bañarse juntos para mantener el interés fuera del dormitorio. Si son los únicos en la casa, acampen en el salón o en el estudio durante una noche y comprueben cómo el cambio inmediato de escenario ayuda a potenciar su deseo de explorar.

. . .

Manda a los niños a pasear: Es difícil sentir la libertad de expresar tus deseos sexuales cuando hay niños pequeños que cuidar en casa.

Deja que los niños pasen la noche con amigos o familiares, lo que te permitirá tener tiempo libre para divertirte un poco con tu pareja. Puedes sentirte un poco más libre con menos preocupación de que alguien entre y vea lo que no debe. Estar libre de cualquier obligación puede hacer maravillas para una vida amorosa estancada. A menudo son las rutinas del día a día las que acaban con la actividad sexual de las parejas. Imagina lo maravilloso que puede ser si envías a los niños a un campamento de verano.

Ve a un lugar exótico: Disfrutar de la intimidad en otras zonas de la casa que no sean el dormitorio es estupendo, pero una forma aún más profunda de disfrutar de su afecto mutuo de una forma nueva es ir a un lugar exótico.

Despertarse con un romántico desayuno en la cama en París, escuchar las olas en un complejo turístico junto a la playa del Mediterráneo o contemplar una puesta de sol desde una villa en la ladera de una montaña puede ser una emocionante aventura que dé un impulso a su vida amorosa. No es necesario ir a un lugar tan exótico, pero una pequeña escapada a un lugar de belleza natural puede ser el lugar perfecto para reavivar el romance.

Prueba nuevas posturas o juguetes: El aburrimiento en el dormitorio se produce cuando se confía en hacer siempre las mismas cosas, de la misma manera. Nadie siente satisfacción por comer sándwiches de mortadela día tras día.

Prueba la sopa un día, o una ensalada al día siguiente. El sexo no es diferente. Investiga un poco y descubre algunas posiciones nuevas y cómodas que te ayuden a animar las cosas. Añade a la mezcla algunos juguetes que puedan ayudar a prolongar el tiempo de juego. Comunica abiertamente lo que te gusta y te parece útil. Poder concentrarse en intentar cosas nuevas ayuda a aliviar las tensiones y a que el sexo sea más agradable.

Envía mensajes sexys: Hazle saber a tu pareja cada día que la encuentras sexy y deseable. Envía mensajes de texto sexys que ayuden a poner el punto en casa. Puede servir para dos propósitos. No sólo hace que tu pareja sepa que estás de humor, sino que también ayuda a aliviar sus temores de que puedas estar interesado en otra persona. Incluso la persona más segura de sí misma puede apreciar un mensaje de su pareja que le estimule el día. Hará que tenga ganas de verse esa noche.

Tiene la capacidad de hacerles sentir como si estuvieran en una luna de miel.

Cambia al sexo matutino para variar: ¿Tienen tú y tu pareja la costumbre de tener sexo sólo en las horas nocturnas? Es el momento más común para tener sexo para las parejas ocupadas. Hay que reajustarse y encontrar otras oportunidades si ves que el aburrimiento o la sensación de cansancio por la noche están mermando tu vida sexual. Prueba a poner el despertador una hora antes y a practicar sexo nada más levantarte. Puede parecer extraño la primera o la segunda vez, pero es una forma estupenda de empezar el día. Pueden terminar dándose una ducha rápida juntos.

Prepara el ambiente: El deseo de tener sexo requiere estar de humor. Tú puedes ayudar a establecer el tono para una noche relajante que conduzca a un encuentro íntimo.

Prepara a tu pareja una buena comida, e incluso abre una buena botella de vino. Pon la mesa con velas y pon una música lenta y sexy. Acércate al sofá y pasa un rato abrazado o dedica un rato a bailar lentamente. La velada de completa relajación y cercanía tendrá sin duda un final satisfactorio. Nunca hay que esperar a una ocasión especial para hacer un esfuerzo adicional por tu pareja y hacerla sentir especial.

15

Establezcan reglas fundamentales

Todas las empresas y familias funcionan con un conjunto de normas y reglamentos bien entendidos. Aunque no dictan por completo el comportamiento, proporcionan la base de las relaciones de trabajo en el entorno. Debes tomarte el tiempo necesario para mantener un diálogo significativo sobre lo que quieres y necesitas para las reglas fundamentales de la relación matrimonial. Tiene que ser una forma aceptable de retroceder y empezar desde lo básico cuando sea necesario.

Nunca maldigas o regañes a tu pareja: Maldecir y llamar a tu pareja con nombres groseros sólo se refleja en ti. Es una forma injusta de proyectar toda tu ira y ansiedad en la otra persona. Puede tener un coste emocional y hacer que la persona se aleje completamente de la relación matrimonial.

Tu pareja necesita saber que puede sentirse segura en cuerpo, mente y espíritu. Debes proteger sus emociones y su autoconcepto tanto como su bienestar físico.

Comprueba la diferencia que suponen unas pocas palabras amables.

Nunca des ultimatums ni hagas amenazas: Dar un ultimátum o realizar acciones amenazantes para intentar salirte con la tuya es infantil e ineficaz. En lugar de plantear exigencias que a menudo son poco realistas, intenta conversar y llegar a un compromiso viable. Esto permite a cada parte determinar qué concesiones son asumibles y les permite tomar decisiones adultas. Tratar a tu pareja de forma infantil no te hará ganar respeto. Acumulará rabia y resentimiento hasta el punto de estallar en discusiones.

Deja que la situación se calme y siéntate para empezar a hablar las cosas con calma, con el objetivo final de la paz en mente.

. . .

Nunca grites delante de los niños o las mascotas: Si eres una persona acostumbrada a ser ruidosa y expresiva en las discusiones, reduce esta actitud cuando estén presentes las mascotas y los niños.

Las voces fuertes y enfadadas asustan a los niños y a las mascotas. Pueden confundirse y pensar que están en problemas o que han hecho algo malo. Además, está mostrando a sus hijos cómo funcionan las relaciones.

Crecerán sintiendo que gritar para salirse con la suya es la forma en que funcionan las relaciones. Todo lo que la voz alta y la ira añaden a la situación es más ira y caos. Puedes acabar con niños y mascotas que tienen miedo de acercarse a ti cuando las discusiones terminan.

Si gritas enfrente de tus hijos y mascotas, solo introducirás un círculo vicioso de violencia dentro de la dinámica familiar. Y, peor aún, tus hijos pueden heredar ese círculo y pasárselo a su propia familia cuando la vayan a crear.

Eliminar estos rasgos de violencia en el hogar no solo asegura tu relación matrimonial, sino que también asegura el futuro de tus hijos en sus relaciones futuras.

. . .

Intenta siempre hablar de los conflictos el mismo día en que se produzcan: Intentar no posponer la conversación sobre un problema repentino. Aplazar las cosas puede hacer que lo que era un simple problema se complique.

Es más fácil aplazar la conversación durante más tiempo.

Cuanto más tiempo permanezca el conflicto sin resolver, más perjudiciales pueden ser los resultados. Tu pareja puede aferrarse a la situación para la siguiente batalla y de repente te enfrentas al nuevo conflicto además del antiguo. Dedica el tiempo que necesites a resolver rápidamente el conflicto actual. No querrás que te vuelva a afectar más tarde o que se convierta en un problema mayor de lo que tiene que ser.

Habla siempre de los problemas con tu cónyuge antes que con los amigos o la familia: Por mucho que estés de acuerdo en no hacerlo, los amigos y la familia serán probablemente candidatos a escuchar tus problemas de pareja. Intenta siempre hablar primero de los problemas con tu pareja. Si se enteran de que has consultado a otras personas sin intentar discutir las cosas en casa, podrías haber iniciado la tercera guerra mundial. Tu pareja no querrá que los problemas se transmitan a los que están fuera de casa porque conlleva el riesgo de ser juzgado. Es posible que no pinte bien su comportamiento por el enfado. Puede aumentar los problemas entre tu pareja y otras personas en tu vida.

Nunca te lances a los ataques personales: ¿Alguna vez te has quedado sin palabras para decir en una discusión y has sentido el impulso repentino de soltar un insulto personal para intentar ganar ventaja? No funciona y sólo te hace parecer tonto. Da la impresión de que no tienes suficiente fe en tu posición para luchar con hechos.

Nunca debería tratarse de ganar a tu pareja. La idea que subyace a la resolución de conflictos es encontrar una solución factible que ofrezca beneficios para ambos y traiga la paz. No te alejes nunca de esta fórmula probada si realmente quieres ver largos periodos de calma y paz en tu hogar.

No generalices los problemas o los comportamientos: Hacer generalizaciones sobre lo que la persona dice o cómo se comporta puede ser contraproducente. Rara vez alguien habla o actúa siempre de una manera tan específica como para etiquetarlo. Cuestiones similares requerirán acciones similares, pero cada persona tiene que utilizar un sinfín de técnicas y habilidades lingüísticas para resolver los distintos problemas. Sé específico y ve al grano. Dile a tu pareja las palabras o acciones exactas que te preocupan. Generalizar les aleja a ambos de la solución. Acabarás teniendo que indagar y encontrar de nuevo el origen real del problema.

Nunca lleves la cuenta: Si vives la vida según la tabla de puntuación y pones una marca por cada cosa mala que crees que te han hecho los demás, imagina cómo es tu tarjeta para ellos. Debería ser más fácil para ti recordar las cosas buenas que tu compañero ha dicho o hecho que lo malo. Es difícil que una esposa o esposo madura te tome en serio si tratas todo como un juego. No están en competencia directa y tratar a tu pareja como el enemigo o el equipo contrario no dará resultados positivos. Deja de lado las tarjetas de puntuación y discute las cosas como dos adultos.

Escriban un diario de pareja matrimonial: Documentar su trayectoria como pareja matrimonial puede ser una actividad divertida que les proporcione a ti y a tu familia una gran cantidad de información a la que recurrir con el paso de los años. Puedes capturar todos esos momentos importantes que se convierten en recuerdos borrosos con el paso del tiempo. En casi todos los hogares, hace décadas, había montones de álbumes de fotos. Un diario de pareja va más allá al permitirte documentar los sentimientos de las personas sobre las experiencias. Puede tener algunos elementos lúdicos que den la perspectiva de cada miembro de la pareja sobre el otro. Será un objeto muy apreciado por los hijos que tengan para ver cómo se desarrolla la relación de sus padres con cada página.

Documentar los hitos: Las ocasiones especiales, como los cumpleaños y los aniversarios, son de esperar y deben documentarse. ¿Qué hay de las ocasiones en las que te has graduado en la universidad o en programas de formación? Puedes añadir cosas como el nacimiento de los hijos, la mudanza a una nueva casa, la compra de un nuevo coche, la incorporación de una mascota a la familia o la compra de un barco. Todos los elementos y ocasiones mencionados comenzarán a construir una imagen de tu vida. Añade fotos, programas o cualquier otro documento que aporte más información sobre cada hito. Añadir detalles específicos, como el lugar y las personas implicadas, te ayudará a recordar fácilmente las ocasiones y los acontecimientos.

Documenta las vacaciones ¿Les gusta a ti y a tu pareja viajar de vacaciones? Asegúrate de añadir un espacio para documentar estas grandes aventuras. Es otra área del diario que se beneficiará de las imágenes que tengas, los menús de los restaurantes, los folletos de los viajes, los talones de los billetes de avión, etc. ¿A dónde fuiste y explica cómo hiciste la elección? ¿Qué hiciste en el destino de las vacaciones? Enumera las experiencias divertidas, alegres, tristes o desagradables. Documenta tu viaje de vacaciones, aunque sólo haya sido a unos pocos kilómetros de tu casa. Puede ser tan divertido y aventurero como recorrer las pirámides de Egipto.

Formula y responde preguntas diarias: Haz que tu pareja participe diariamente en la documentación de su vida en común. Piensa y escribe cada día una pregunta que invite a la reflexión y que tenga sentido. Que sean del lado más ligero y elija temas que ayuden a revelar sus personalidades. Puede ser difícil mantener una sesión diaria de preguntas y respuestas, pero inténtalo. Tanto tú como tu pareja empezarán a esperar la pregunta inesperada que les espera. Da respuestas completas. No escatimes en las respuestas sólo porque hayas tenido un día largo o duro en el trabajo. Cuanto mejor expliques las cosas, más claro será para aquellos que no tienen la ventaja de poder tomarse unas vacaciones en familia.

Gustos y cumplidos: Añade todos los gustos tuyos y de tu pareja en el diario de la pareja matrimonial para recordar todas sus cosas favoritas. Asegúrate de hablar en la página con algunos de los tuyos. También puedes crear un espacio dentro del diario para hacer cumplidos a tu pareja. Ponte la gorra de pensar y haz una lista de todas las cosas que se te ocurren que te gustan y te encantan de tu pareja. Puedes ir añadiendo cosas a medida que avanzas. Pídele a tu pareja que haga lo mismo con respecto a ti, y que incluya todas las cosas buenas que se le ocurran y que te hagan sentir bien en su mundo.

Registro diario de acontecimientos importantes: Todo buen diario de pareja matrimonial tendrá áreas completamente dedicadas a llevar tanto temas o eventos especiales como el día a día. Asegúrate de añadir pequeños detalles como lo más divertido que haya pasado ese día, cualquier lucha que se haya superado, actividades divertidas y cualquier otro detalle importante que haga que el diario sea interesante. Tendrás toda una vida de recuerdos recopilados que es incomparable con cualquier otra cosa. Guarda los resguardos de las entradas de películas, conciertos y otros eventos a los que asistas y pégalos en el diario. No hace falta que lo guardes todo, pero sí unos cuantos para que sea agradable mirar atrás.

Lista de deseos para dos: ¿Dónde están todos los lugares a los que te gustaría viajar y las cosas que te gustaría hacer como pareja antes de morir? Crea un espacio en el diario en el que se detallen todos los deseos que ambos tienen de ver y experimentar el mundo.

Pueden ser grandes planes que nunca lleguen a materializarse, pero te da una orientación real para entender los sueños de tu pareja. Puede que tu pareja sueñe con escalar el Everest juntos, pero probablemente puedas conformarte con hacer una bonita excursión por un sendero de montaña más pequeño en vuestras próximas vacaciones.

Si hay hijos en la relación, no sería mala idea que haya también una lista de deseos familiar, ¿qué cosas se pueden hacer en familia y que a todos los miembros les parezca placentero? Al fin al cabo, en una relación, si hay hijos, es necesario incluirlos en la planeación; lo mismo con las mascotas. Una buena planeación panorámica de la vida familiar también asegurará que la relación de pareja matrimonial se fortalezca.

Compartir objetivos y planes especiales: Escribir en un diario los objetivos y planes especiales que tú y tu pareja hacen es un poco diferente a la lista de deseos. En él deben figurar los objetivos del hogar, la familia, la carrera profesional, las vacaciones y cómo ven su vida dentro de 5, 10 o 25 años. Puede ser un área reconfortante para leer si estás experimentando conflictos y problemas de relación. Puede redirigir tus energías hacia la solución de los problemas. Cuando puedes ver en blanco y negro lo lejos que has llegado, te da más energía para ir mucho más lejos.

Desafía a tu pareja: Plantear un reto a tu pareja puede ser un complemento divertido para tu diario de pareja. Las esposas pueden desafiar a los maridos a hornear pasteles o a hacer un tipo específico de caramelo. Los maridos pueden desafiar a las esposas a cambiar el aceite del coche.

No tiene que ser nada específico. Puede que a los maridos ya se les dé bien hornear pasteles y a las mujeres cambiar el aceite del coche. Elige algo que cada uno no esté acostumbrado a hacer y verás cómo empieza la hilaridad. Es otro punto que mejoraría si se añadieran imágenes. Sé creativo, pero ten cuidado con las actividades elegidas. Puedes hacerlas muchas veces a lo largo de los años.

El punto de este ejercicio es que la novedad se introduzca en la relación matrimonial, en el día a día. Intercambien papeles. ¡Pónganle un toque creativo a la cotidianeidad y diviértanse con ello!

Conclusión

Gracias por haber llegado hasta el final de este libro, esperemos que haya sido informativo y que te haya proporcionado todas las herramientas que necesitas para alcanzar tus objetivos, sean cuales sean.

Tu siguiente paso debe ser poner en práctica algunos de estos pasos. Deja a un lado todas tus preocupaciones y ansiedad y ponte manos a la obra para salvar tu matrimonio. Olvídate de todo el dramatismo y la palabrería negativa que escuchas y desglosa todo en pasos de sentido común. Los matrimonios que se consideraban una causa perdida ahora prosperan después de hacer sólo unos pocos cambios. Verás resultados de inmediato sin tener que gastar grandes cantidades de dinero en consejeros y terapeutas matrimoniales.

. . .

No dejes que aquello que te costó construir a través de los años se desmorone por unos momentos. Hay muchos matrimonios; pocos son los que duran lo que podrían; muchos son los que se dejan llevar por un momento de enojo y, no solo destruye el esfuerzo construido por dos personas, sino que también puede destruir familias y amistades.

Puedes seguir todos los consejos y leer todos los libros, pero a veces la opción más eficaz es acudir a un profesional con licencia que pueda trabajar contigo y con tu cónyuge para abordar problemas específicos. "Un terapeuta matrimonial puede actuar como entrenador, mediador y maestro". Un buen terapeuta matrimonial debe ser lo más neutral posible, al tiempo que apoya y desafía a ambas partes. Para encontrar un terapeuta con el que ambos se sientan cómodos, se sugiere pedir recomendaciones a los amigos. O bien, empieza tu búsqueda en internet y el directorio de doctores y psicólogos locales.

También, si eres miembro de una organización religiosa, puedes preguntar si tienen clérigos capacitados para asesorar.

. . .

El camino que has seguido a través de estas páginas, no solamente ha sido un camino para los conflictos de las parejas matrimoniales, sino que inevitablemente también ha sido un camino de autoconocimiento. El autoconocimiento es importantísimo. Sí, el camino matrimonial es en pareja, entre dos personas; sin embargo, ¿cómo se puede lograr avanzar si una de las partes está lesionada o no lista para progresar y empezar a construir una vida juntos? El autoconocimiento es uno de los pilares más importantes en un matrimonio. ¿Cómo planeas conocer a otra persona si no te conoces a ti mismo? ¡Emprende el camino del autoconocimiento y verás que el actuar del día a día y la vida de pareja matrimonial será aún mucho mejor! Conocerte a ti mismo es una acción para tu individualidad y para tus relaciones interpersonales.

Encuentra un punto de partida cómodo y comienza a hacer cambios que cambiarán tu vida. Prepárate para sorprenderte de lo fácil y agradable que pueden ser algunos de los pasos. Cada día se traducirá en una mayor confianza y comprensión por parte de tu pareja. Si ambos se comprometen a realizar los cambios, el cielo es el límite.

No olvides que tanto tú como tu pareja son humanos. Y los humanos se equivocan. ¡Pero también mejoran!

Aprender a navegar por el mundo en pareja nunca ha venido con un manual, hasta ahora.

Tendrás la ventaja de saber lo que se necesita para superar cualquier crisis y problema al que pueda enfrentarse un matrimonio. ¡Podrás salir vencedor en todo momento!

www.ingramcontent.com/pod-product-compliance
Lightning Source LLC
LaVergne TN
LVHW012058070526
838200LV00070BA/2791